Property Potential

# 소유잠재성

## -소유의 알고리즘과 획득가능성 고찰-

나정원 지음

엠인터내셔널

# 저자 서문/머릿글

본 책에서 제시하는 소유잠재성(Property Potential) 개념은 현실 사회주의 국가 북한에서 나타나는 비공식적 소유 현상에 대한 고찰에서부터 시작되었다. 국가에서 공인하지 않지만 거래가 발생하게 되고, 공적 폭력에 의하여 보호받지 못하는 가운데서 계약이 이뤄지는 현상들이 발생하는 것은 거래행위로 인하여 획득할 것으로 기대되는 이익이 상실의 위험과 같거나 크기 때문이다.

생산수단에 대한 내국인 소유를 금지하는 법 · 제도는 북측 주민들의 경영활동을 불법적인 것으로 인식하게 만들었고, 결과적으로 위험성이 높은 행위로 볼 수 있었다. 그러나 높은 위험성에도 불구하고 법적 한계를 뛰어넘는 북측 주민들의 사업은 결코 줄어들지 않았다고 할 수 있다. 이유는 북측 주민들이 사업행위로 인하여 고수익을 기대할 수 있었기 때문이었다.

더군다나 사회주의 정치시스템을 유지한 국가들이 그러했듯이 북측 당국이 사회주의 경제의 경직성을 개선하기 위하여 경제부문에서의 지나친 규제를 개선할 가능성도 기대할 수 있게 된다. 과거 북측에서 기대할 수 없었던 민간부문의 대부사업, 은행의 자금을 융통한 기업활동이 제도권 범주의 행위로 가능하게 된 것은 대표적 사례로 꼽을 수 있다. 이러한 조치는 개개인이 원금에 대한 이자수익이 합법적으로 보장되는 것을 의미하는 것으로써, 이른 바 노동을 하지 않고 수입을 얻는 불로소득을 국가적으로 용인한 조치였다.

과거 시기 외국인과 외국자본에 용인된 투자활동이 내국인과 국내자본에까지 확대되는 이러한 추세는, 현재 제도적으로 보장되지 않는 위험만큼이나 무엇인가를 획득할 수 있는 기회로 인식됨으로써 행동으로 이어지게 마련이다. 생산수단에 대한 실질적 경영을 하던 내국인 또는 내국인 집단은 경제개혁으로 내국인에 대한 기업활동 및 소유가 허용될 경우, 해당 기업체의 실질적 소유자가 될 가능성이 크다고 할 수 있는 것이다. 해방 이후 시기 남측 지역에서는 일제가 소유한 적산재산에 관한 민영화 과정에서 해당 기업체에 대해 잘 알고 있는 연고자에게 그 소유권이 돌아갈 가능성이 매우 높았었다. 따라서 현재 점유하거나, 이용하고 있거나, 경영활동을 하고 있다면, 북측에서 경제개혁이 진행됨에 따라 양도권을 포함한 소유권 일체, 또는 양도권을 제외한 장기 사용권을 획득할 가능성은 매우 크다고 할 수 있다.

현재 한반도 이북 지역에서 발생하는 제도권 밖의 내국인 투자 행위는 제도권 밖에 있음으로 하여 위험이 존재하고 있음에도 불구하고 지속 중이라고 할 수 있다. 그것이 신뢰할 수 있는 공적폭력의 행사자로서 국가의 보증이 없다고 하더라도, 기대할 수 있는 이익이 크다면 위험을 감수할 수 있는 행위자들이 나오기 마련이다. 이러한 점들을 종합해볼 때, 미래의 특정 또는 불특정 시점에서의 획득(상실)할 수 있는 가능성은 특정한 행동으로 이어지게 된다고 할 수 있는 것이다.

# 차례

저자 서문/머릿글 3

제1장 소유잠재성 개념과 범주

1. 이론적 논의 14
2. 소유잠재성의 개념화 16
3. 소유잠재성의 유형 19

제2장 소유잠재성의 발현-국가

1. 국가의 소유범주 30
2. 국민 35
3. 영토 38
4. 기업 42
5. 세금 46
6. 지적재산권 외 기타 48

## 제3장 소유잠재성의 발현-정당

1. 정당의 소유범주 56
2. 중앙정부 권력 59
3. 지방정부 권력 63
4. 중앙의회 권력 65
5. 지방의회 권력 68

## 제4장 소유잠재성의 발현-기업

1. 기업의 소유범주 72
2. 경영권 75
3. 생산수단 79
4. 지적재산권 84
5. 직원의 능력 89

## 제5장 소유잠재성의 발현-개인

1. 개인의 소유범주 94
2. 국적 99
3. 기업 103
4. 부동산 105
5. 금융자산 110
6. 지적재산권 112
7. 기타 117

## 제6장 교환가치와 소유잠재성

1. 가상화폐 122
2. 포인트(Point) 131
3. 상품권 138
4. 채권 144
5. 교환가치의 합종연횡 147

제7장 사회문제와 소유잠재성

1. 저출산 현상 166
2. 창업 176
3. 부동산 버블 187
4. 국가재정의 적자 204

제8장 결 론 215

| 제1장 |

# 소유잠재성 개념과 범주

## 1. 이론적 논의

소유라는 개념은 자유롭고 배타적이며 독점적 권리로써, 소유한 사람 또는 집단이 소유하지 않는 사람이나 집단을 배제함으로써 나타나는 현상을 의미한다. 과거 시기 소유에 관한 논의는 소유를 인정하느냐, 그렇지 않느냐에 관한 논의에 국한되어 이뤄져 왔다고 볼 수 있다.

그러나 이러한 논의의 오류는 국가의 소유를 배제하였다는 것에 있다. 지난 시기 국가는 사적소유를 인정해주는 합법화된 공적폭력의 행사자로만 인식되어 왔다. 그러나 국가 또한 소유한 유무형의 것들에 관한 권리를 행사하는 하나의 행위자로 볼 수 있다. 국가는 국민과 영토, 주권을 비롯하여, 전략자산, 지적재산을 비롯한 다양한 것들을 소유한 행위자 중의 하나이다.

이러한 관점에서 개인과 기업, 정당, 국가 등의 다양한 행위자는 소유한 것을 지키거나 또는 소유하기 위하여 끊임없이 노력한다. 토마스 홉스(Thomas Hobbes)의 '만인의 만인에 대한 투쟁' 이라는 개념에서 인간이 자기보존의 실현에 있어서 타자보다 우월하기 위하여 힘을 보다 많이 획득하는 경쟁상태에 들어간다고 보았듯이, 인간과 집단은 자기 자신이 직접 발휘할 수 있는 물리적 힘의 획득뿐만 아니라, 유무형의 것들의 획득하기 위한 경쟁상태에 돌입하게 된다. 홉스가 주장한 우월하기 위한 힘의 획득은 곧 무엇인가를 소유함으로써 얻어지는 것들로 해석이 가능하다.

그것은 이미 소유한 것을 지키기 위하여 노력하거나 향후 획득 가능한 것을 위하여 노력하는 경쟁상태에 들어가는 것을 의미한다.

## 2. 소유잠재성의 개념화

소유잠재성(Property Potential)을 한 문장으로 표현한다면, 미래 특정 또는 불특정 시점에서의 유 · 무형 소유의 획득(상실)가능성을 의미한다. 여기에서 소유라는 개념은 광범위한 권리의 소유로써 의미를 가지게 된다. 우선 사전적으로 소유라는 의미는 자유롭고 독점적이며 배타적인 권리를 의미한다. 이러한 권리는 한편 행위자들로 하여금 소유에 관한 욕구를 불러일으키게 된다. 따라서 소유잠재성은 행위자의 소유에 관한 욕구의 표출된 한 형태라고 볼 수 있다.

소유하고자 하는 욕구의 대상은 비단 개인만을 의미하는 것이 아니다. 국가가 될 수도 있고 기업이 될 수도 있다. 이들은 무엇인가에 관한 '소유'를 추구하게 되며, 그로 인하여 무슨 행동이라도 하고자 할 것이다. 이들의 소유를 위한 노력은 다양한 형태의 투쟁으로 나타나기도 한다. 그러나 사전적 의미의 '자유롭고 독점적이며 배타적 권리'를 행사하는 것은 때때로 다양한 장애에 직면하기도 한다. 그것은 한 행위자의 소유권 행사가 또 다른 행위자의 소유, 또는 소유잠재성을 침해하게 되기 때문이다. 국가는 주권과 국민, 영토, 그리고 전략자산 등을 가진 행위자로서, 정당은 국가권력을 획득하기 위한 행위자로서, 기업과 개인은 이윤획득을 위한 행위자로서, 그리고 그 외 다양한 행위자들이 이미 소유하고 있는 것을 지키거나 또는 소유잠재성에 의하여 투쟁하게 된다.

다음으로 확률에 따라 발현되어지는 소유잠재성 현상을 들 수 있다. 소유할 수 있는 가능성, 즉 확률은 행위자들에게 영향을 미치게 된다. 예컨대 부모-자녀간 재산의 상속은 자녀에 대한 매우 높은 소유잠재성에 관한 동기를 제공한다. 유한한 존재로서 인간은 언젠가 반드시 죽음을 맞이하게 되며, 관습적으로 부모의 재산은 자녀에게 상속되기 때문이다. 따라서 자녀는 부모 재산에 관한 가장 높은 소유잠재성을 가진 대상이 되는 것이다.

반면에 아주 낮은 확률로 발현되어지는 소유잠재성의 현상도 존재한다. 대표적 사례로는 일확천금을 기대할 수 있는 카지노의 잭팟이나 복권사업 등을 들 수 있다. 매우 낮은 확률이지만 카지노나 복권에 사람들이 끌리는 이유는 그것에 들어가는 비용 또한 매우 적기 때문이다. 그것은 어쩌면 가장 수익이 높은 투자가 될 수도 있을지도 모른다.

정리하면 소유잠재성에서 핵심은 누가 소유하게 되며 그 확률에 따라 어떻게 행동하게 되는 가에 있다. 국가, 기업, 정당, 개인은 소유잠재성의 행위자로서 끊임없이 투쟁하며, 소유의 획득(상실) 가능성에 초점을 두고 행동하게 된다.

# 3. 소유잠재성의 유형

## 1) 확률에 따른 유형

소유잠재성은 그 확률에 따라 여러 유형으로 분류될 수 있다. 가장 높은 소유잠재성의 유형으로는 부모-자녀 사이의 '상속' 유형이 꼽힌다. 부모가 사망하게 되면 부모의 재산은 자녀에게 상속되는 것이 일반적이다. 과거 시기에는 관습적으로, 현재는 법률적으로 자녀가 가장 높은 소유잠재성을 가진 대상자가 된다. 그러나 자녀가 여럿일 경우에 과거 한국에서는 장남이 모든 지분을 차지하게 되는 구조였다면, 오늘날 한국의 법률에서는 자녀균등상속을 명시하고 있다. 즉 오늘날 한국에서는 모든 자녀가 균등하게 부모 재산에 관한 소유잠재성을 가진다고 볼 수 있다. 다만 상속의 유형은 재산에만 국한 되는 것이 아니다. 예컨대 영국이나 일본과 같이 입헌군주제 국가이거나 또는 왕정시스템을 유지하는 국가에서 현재 '왕'의 지위는 미래 불특정 시기 그의 자녀에게로 돌아가게 된다. 즉 그의 자녀가 '왕'의 지위를 차지할 가장 큰 소유잠재성을 가진 대상자가 되는 것이다. 이와 같은 현상은 가족경영의 전통이 강한 routine을 가진 기업들에서도 종종 찾아볼 수 있다. 이들 기업에서 최고경영자의 자리는 대체로 그의 자녀들에게 승계되는 경우를 보게 된다. 즉, 최고경영자의 자녀는 미래 불특정시기에 최고경영자의 자리를 획득할 가장 소유잠재성이 큰 대상이 되는 것이다.

두 번째, 소유의 획득가능성이 매우 낮은 사례로써 복권구입을 들 수 있다. 복권을 구입하는 사람은 대체로 그것이 거액의 당첨으로 돌아올 가능성이 매우 낮다는 것을 알고 있다. 그럼에도 불구하고 그가 가지고 있는 작은 종이조각은 당첨이 발표되기 전까지 거액의 금액으로 돌아올지도 모른다. 많은 사람들은 이러한 기대를 가지고 복권을 구입하게 되는 것이다. 물론 복권구입과 비슷한 사례들은 우리 주변에 얼마든지 존재하고 있다. 카지노에 가서 슬롯머신을 하는 사람에게는 매회, 매순간 잭팟을 통한 거액의 소유의 획득가능성은 존재한다. 스포츠경기의 승패, 또는 스코어를 맞춰서 금액을 지급받는 사례들 또한 비슷한 사례로 볼 수 있다. 야구, 축구, 농구 등의 경기의 승패나 스코어에 배팅하고 일정 수준의 배당을 기대하게 되는 스포츠토토 복권, 그리고 경주마, 바이크 경기에 승패를 예측하여 배팅하게 되는 경마, 경륜경기 또한 이러한 사례에 해당한다.

세 번째, 주택, 증권, 무역 등에서 사용되어지는 개념으로 청약(請約, offer)을 들 수 있다. 청약은 승낙(承諾)과 함께 일정한 내용의 계약을 성립시킬 것을 목적으로 하는 일방적 의사표시로 된다. 한국의 경우 법률적으로 청약은 계약이 성립하지 않으므로 법률행위가 아니라 법률사실로 되며, 즉 불특정인에 대하여 행하여질 수 있다.[1] 청약자(Offeror)가 피청약자(Offeree)에

---

1) 이병태, 『법률용어사전』, (법문북스, 2011)

게 일정한 조건으로 계약을 체결하고 싶다는 의사표시인 청약은, 계약이 체결되면서 소유권의 이전이 발생 되어진다. 대체로 주택, 유가증권 등에 대한 청약을 진행하면 다수의 피청약자(Offeree)들이 신청을 하게 된다. 피청약자(Offeree)가 되기 위한 자격요건도 갖춰야 했는데 청약을 하고자 하는 사람들이 많아짐에 따라 그 조건이 갈수록 까다로워지는 추세에 있다. 청약을 통해 계약이 성사가 되면 피청약자(Offeree)에게 그 소유권이 이전되어진다.

네 번째, 경매(競賣, Versteigerung)는 경쟁체결방식에 의하여 가장 높은 가격에 낙찰이 진행되는 거래방식을 의미한다. 경매는 진행방식에 따라 경쟁자가 서로 다른 사람이 제시하는 가격을 공개하는 경우와 비공개로 진행하는 방식이 있다. 경매의 진행 과정은 다를 수 있으나 공통적으로 두 가지 방식 모두 가장 높은 가격에 거래가 진행된다. 한편 경매는 국가기관에 의해 진행되는 공경매(公競賣)와 사인(私人)이 주체가 되는 사경매(私競賣)는 국세징수, 또는 채권회수 등을 목적으로 한다. 가장 높은 금액을 제시한 경매참가자는 낙찰받기 위한 과정에서 수수료를 기꺼이 부담하게 된다. 최근에는 가장 낮은 가격에 낙찰을 결정하는 최저가 경매 등도 생겨나고 있으며, 경매 주최측이 정한 규칙(rule)에 의하여 경매가격을 써낸 참가자, 참가기관에게는 해당하는 물건 또는 권리가 돌아가게 된다.

### 2) 국가-기업-정당-개인의 관계

일반적으로 국가는 사적소유를 인정해주는 합법화된 공적폭력의 행사자로서 권리와 책임을 가지는 존재로 인식되어진다. 따라서 국가는 개인과 기업 등에게 법과 제도를 통하여 그들이 가진 사적소유권을 인정하는 독점적 존재임과 동시에, 주권이 행사되어지는 영토와 국민을 가진 존재라는 점에서 국가의 소유개념과 사적소유의 개념은 다른 시각에서 볼 필요가 있다. 국가는 주권이 행사되어지는 공간의 많은 부분을 소유한 것으로 인식하는 경향이 있으며, 예컨대 대한민국 영토에 사는 사람을 한국 국민, 국내에 소재한 기업을 한국 기업이라고 인식한다. 따라서 이들이 가진 지적재산권을 포함한 유무형의 자산을 한국정부는 지켜야 할 권리를 가지게 된다. 즉, 국가는 누군가의 사적 재산이 국가의 주권이 행사되지 못하는 장소, 즉 다른 국가로 이동하는 것에 관한 신고 또는 허가와 관련한 법적 · 제도적 장치들을 마련해놓게 된다.

두 번째로, 기업의 경영은 기업의 재산을 인정하고 보호해줄 수 있는 공적 존재, 국가의 보호 없이는 발전하기 어렵게 된다. 철학자 헤겔(Hegel)이 말했듯이 "영민의 농지에는 영주와 영민과의 이중적 소유관계가 존재"하게 되며, 그것은 사적소유에 관한 국가의 주권이 법적 · 제도적으로 얼마나 인정하는가에 따라 달려있게 된다. 즉 모든 기업은 특정 국가의 주권 아래에 놓이게 되며, 해당 국가의 법과 제도에 의하여 재산을 보호받게 된다. 따라서 대부분의 기업이 해외 진출시 고려사항으로, 해당 국가가 외국인 또는 외국기업의 재산을 보호하는 법 · 제도를 가지고 있는지와 이것을 잘 준수하는 국가인지 여부를 우선적으로 고려하고 있다. 다만 다국적 기업이 현지국가에서 현지법인을 세우고 기업활동을 한다고 하여, 그 기업을 현지국가의 기업으로 인정받지는 못한다. 반대로 본국의 기업이 현지국가로 자산을 이동시켜 현지국가의 기업으로 되는 것도 거의 불가능하다고 볼 수 있다. 그것은 본국에서 해당기업을 국적기업으로 인식하고 있고, 해당기업의 자산이동을 허용하는 것 또한 법적 · 제도적으로 보장되지 않을 뿐만 아니라, 본국에 비해 덜 우호적인 현지 풍토에 적응해나가는 것은 쉬운 일이 아니기 때문이다.

세 번째로, 정당은 국가의 권력을 소유하기 위해 투쟁하는 근현대 정치의 중요한 행위자로서 의미를 가진다. 민주주의 정치시스템 하에서 정당은 합법적 권력을 쟁취하는 단위로 볼 수 있다. 현재 집권한 여당은 지속적으로 중앙정부, 또는 지방정부의 권력을 유지하기 위한 노력을 기울이게 된다. 반면에 야당은 여당이 가진 권력을 빼어오기 위한 투쟁, 즉 여당이 현재 소유하고 있는 국가권력, 또는 지방권력을 차지하기 위한 노력을 한다. 그것은 곧 현재의 야당이 권력을 차지할 가능성, 또는 권력을 소유한 여당이 그것을 상실할 가능성을 의미한다. 즉 이들 정당이 가진 소유잠재성에 의하여 정당들은 끊임없는 투쟁을 진행하게 된다.

네 번째로, 개인이자 국민은 국가로부터 개인의 생명과 재산을 보호받는 존재이다. 따라서 개인은 법과 제도의 범주 안에서 재산을 보호받는 동시에, 자신의 재산이 타인에 의해 침해당했을 경우 공적폭력을 행사해줄 것을 요구할 수도 있다. 반대로 국가는 개인의 권리행사가 국가 또는 공공의 이익에 해가 될 경우에는 그 권리를 제한하게 된다. 그것은 곧 개인 소유권의 행사가 현재 국가가 가진 유무형의 소유, 또는 소유잠재성에 부정적 영향을 주게 되는 경우를 의미한다.

한편으로 개인은 다른 국적을 취득할 수도 있다. 개인은 학교, 직장, 혼인, 이민 등의 이유로 해외 거주를 할 수도 있고, 또 가능하다면 국적을 취득할 때 더 많은 것들을 얻을 수 있다. 즉 개인의 취득가능한 국적은 해당 국가가 제공하는 복지와 임금수준 등에 관한 소유잠재성을 가지는 것을 의미한다. 일부 국가들에서는 외국인의 투자를 전제로 영주권을 부여하는 제도를 도입함으로써 외국인의 투자를 장려하고 있다.

| 제2장 |

# 소유잠재성의 발현-국가

# 1. 국가의 소유범주

홉스에 따르면 국가는 인간의 허영심, 시기심, 불신감, 경쟁심 등 정념 등에 따른 비극적 상태를 극복하기 위하여 개인 상호계약에 따라 이뤄진 존재이다. 따라서 국가는 합법화된 공적폭력을 행사하게 되며, 주권이 미치는 영역에 속하는 것을 소유한 것으로 간주한다.

첫째, 국가는 국민을 소유한 것으로 간주할 수 있다. 국민은 해당 국가에 거주하는 사람 뿐만 아니라, 외국에 거주하는 국적자도 포함된다. 외국의 국적자는 해당 국가의 대사관, 또는 영사관에 의해 보호받게 되며, 보호받을 권리를 가지고 활동하게 된다. 다만 외국에서의 활동은 현지국가의 주권 아래에서 이뤄지게 되며, 현지의 법과 제도를 위반하였을 경우에는 외교적 갈등이 발생하기도 한다. 또 다른 시각에서 접근했을 때 국가는 외국 교포들과 모호한 관계를 가진다.

한국의 경우에 과거 일제 식민지 시기 많은 사람들이 중국과 일본 등지로 이주하게 되었는데, 광복 후에 여러 사정 등으로 인해 들어오지 못한 사람들이 많다고 할 수 있다. 이들 중에는 한국인의 정체성을 가지고 있으면서도 국적을 가지지 못하는 경우가 많으며, 따라서 교포들에 관하여 국가는 국적자는 아니지만 국민에 매우 가까운 대상으로 다루고 있다.

두 번째, 국가는 주권이 영향을 행사할 수 있는 범위 안에 있는 영토를 소유한 것으로 간주한다. 헤겔(Hegel)이 지적했듯이 영주의 영토와 영지에 거주하는 영민의 이중적 소유관계는 해당 토지의 독점적 · 배타적 권리에 영향을 준다. 국가는 해당법령에 따라 영토 내 사적 토지를 소유한 국민의 독점적 · 배타적 권리를 인정하지만, 또 다른 법령에 의해 그 권리는 제한을 받는다. 예를 들어 토지의 용도가 농경지, 주거지, 상업지 여부에 따라 토지이용의 범위가 정해진다고 할 수 있다. 농경지에 심던 작물을 변경하거나 주거지의 주택을 리모델링 하는 것, 상업지의 업종을 변경하는 것 등의 권리행사는 가능하지만, 농경지에 상업시설을 짓는다거나 주거건물을 상업건물로 이용하기 위해서는 정부에 토지용도 변경을 요청하여 허가를 받아야만 가능하게 된다. 이외에도 개인 또는 민간이 가진 토지는 정부의 정책에 따라 개발제한, 시가화조정, 수산자원보호, 도시자연공원, 입지규제최소 등의 구역으로 지정되어, 개발 또는 이용할 수 있는 권리에 차이가 발생하게 된다. 따라서 국가의 주권이 행사되어지는 영토 안에서 개인 또는 민간의 소유 권리는 국가가 제정한 법률과 제도에 따르게 된다.

세 번째, 국가는 기업을 소유한 것으로 간주한다. 국가는 기업의 출생과 역사에 따라서 자국기업으로 볼 것인지 아닌지를 판단하고, 기업의 활동이 자국에 이익이 되는지 여부에 촉각을 세운다. 기업이 창업을 하고 성장하는데 있어서 국가는 제도적 보호장치를 갖추고 제공하고 있으며, 이러한 합법적 폭력 없이 기업은 결코 유지될 수 없게 된다. 즉 기업은 당연히 국가의 주권이 미치는 장소에서 경영활동을 이어나간다. 예컨대 한국에서 삼성의 반도체 생산거점을 통한 사업은 명확한 한국기업 삼성의 경영활동으로 볼 수 있다. 이에 비하여 General Motors의 한국 GM 생산거점에서 자동차를 생산하는 활동의 경우, 한국 기업의 활동으로 볼 수 있는가에 대한 의문을 제기할 수 있다. 과거 한국의 대우그룹 계열사 중 하나인 대우자동차 에서부터 그 역사가 이어져 오고 있지만, 2001년 General Motors 에게 매각되어 현재에 이르고 있다. 즉 경영권은 미국에 본사를 둔 General Motors에 있다는 의미가 된다. 법적 · 제도적으로 한국에 법인을 설치했는가 아닌가의 문제가 아니라, 애플, 스타벅스, 코카콜라, 맥도날드 등의 한국사업장을 두고서 한국 기업의 경영활동으로 인식하지는 않는다. 이것은 반대로 미국 내에서 경영활동을 하는 삼성휴대전화 매장, LG 가전판매 매장, 현대자동차의 생산거점에 관한 현지의 인식과도

맥을 같이 하는 것으로 볼 수 있다. 이러한 이유로 국가는 자국 기업의 국내 또는 해외의 경영활동이 국가이익과 연관하여 판단하는 경향이 있다.

네 번째, 국가는 전략자산, 지적소유권 등을 소유한 것으로 간주한다. 여기에서 전략자산이란 국가의 전쟁수행에 필요한 다양한 무기, 또는 무기체계를 일컫는 것으로서 항공모함, 핵잠수함, 전략폭격기 등을 일컫는 용어이다. 즉 국가는 외부의 위협으로부터 자국을 보호하기 위하여 전략자산을 갖추기 위한 노력을 하거나, 동맹을 통하여 자국을 보호받고자 하는 경향이 있다. 전략자산을 소유한 국가는 그렇지 않은 국가에 비하여 군사적 우위를 가지는 것이 일반적인 것으로 본다. 다음으로 지적재산권은 국책기관에서 직접 연구 · 개발하여 국가에서 직접 소유하는 경우도 있지만, 민간의 지적재산권 또한 보호하는 경향이 있다. 기업, 또는 자국 국적을 가진 개인 · 단체의 지적재산권인 경우에도, 그것이 유출되거나 보호받지 못함으로 인하여 국가적 손실이 발생할 수 있기 때문이다. 특히 국내 기업이 다년간 연구개발한 첨단기술이 외국의 경쟁 기업에 넘어가는 것은, 국내 독점기술의 해외유출로 표현되어진다. 즉 민간에서 개발한 기술이라 하더라도, 그것이 기업의 출생과 역사에 비추어 볼 때 국내 기업의 지적재산권이라면 마땅히 국가의 이익과 동일하게 판단하고 이를 보호하는 것으로 볼 수 있는 것이다.

## 2. 국민

국가는 국민이 없이 존재할 수 없으며 국민은 국가의 존재 이유이다. 홉스의 시각에서 보면 국가의 탄생은, 사람들이 '만인의 만인에 대한 투쟁' 상태의 중재를 위한 공적폭력 행사자로서 시작된다. 국가는 공적폭력을 행사하여 개인들 사이 평화 상태를 유지할 수 있도록 하는 것이다.

다만 이러한 국가의 역할은 국민이 있어야 지속가능할 수 있게 된다. 국민이 없으면 국가도 더 이상 존재할 수 없으며, 사실상 그 존재가치를 상실하게 된다. 이러한 이유로 각국에서는 저출산 상태를 극복하고, 인구수를 유지하기 위한 노력을 기울이고 있다. 이론적으로 극단적 저출산 상태가 지속되면 국가는 소멸할 수도 있기 때문이다. 인구의 기하급수적 증가추세와 산술적 식량증가에 따른 문제점을 제기한 멜서스(Malthus)의 주장이 무색할 정도의 심각한 저출산 상황은 많은 국가들을 위기에로 내몰고 있다고 할 수 있다. 한국의 경우에도 인구론(Principle Of Population)의 경고에 따라 극단적 저출산 정책이 철회된 시점으로부터 불과 한 세대가 지나가기도 전에 세계 최대의 저출산율을 기록하는 국가 중 하나가 되었다.

국민은 국가의 존립 근거이자 국가 발전에 빠질 수 없는 것이므로, 국민에 관한 국가의 소유욕은 당연한 이치로 받아들일 수 있다. 이에 특정 국가의 경우는 자국의 이익에 따라 다른 나라 국민의 이민을 적극 장려하는 정책을 펼치기도 한다. 이민국가로 유명한 캐나다, 호주 등에서는 다양한 조건과 형태의 이민자들을 받아들이고 있다. 투자를 전제로 하거나 특정한 기술을 가지고 있지 않더라도, 일하면서 여행할 수 있는 working holiday 비자만 있으면 장기간 체류하면서 일할 수 있는 권리를 확보할 수도 있다. 다양한 이민 정책으로 다른 나라의 국민을 흡수하고자 하는 시도는 이미 저출산 시대 일반화 되어지는 흐름으로 볼 수 있는 것이다.

이와 동시에 각 국가의 저출산을 극복하기 위한 노력 또한 진행 중이다. 멜서스가 살던 18세기 영국에서 빈민층의 부양자녀수에 따라 생활보조금을 지급하던 방식의 정책은 현재에도 진행 중이다. 한국에서도 출산 자녀수에 따라 직접 보조금을 지급하거나 주택청약에 가점을 주는 방식, 현금영수증 제도를 통한 세금 환급 혜택 등 여러 가지 직간접적 금전혜택을 주고 있다. 다만 중앙 및 지방정부가 저출산에 막대한 예산을 들이는데 반하여 효과는 미미한 수준에 그치고 있다.

위와 같은 저출산 지속 현상을 소유잠재성의 관점에서 보았을 때, 미래 시점에 국가는 현재보다 적은 국민의 구성으로 이뤄지게 되며, 그것은 현재 인구의 감소분만큼의 상실을 의미한다. 나아가서 소비시장 축소, 생산인구 감소 등 부정적 현상으로 이어지게 된다고 볼 수 있다.

## 3. 영토

국가가 지배력을 미칠 수 있는 영역을 의미하는 영토는 고정된 것이 아니다. 무주지의 선점, 지진이나 침식 등의 자연재해, 간척 또는 매몰작업 등 인위적 변경, 국가 간 영토의 교환, 또는 매매나 증여, 정복, 점령, 병합 등의 방법을 통하여 변경될 수 있다. 다만 이

과정에서 합법화된 공적폭력을 행사할 가능성이 있는 국제기구의 역할은 제한적일 수밖에 없으며, 주변국들과의 인정이나 합의 정도에 따라서 영토의 변화가 발생하게 된다고 할 수 있다.

무주지를 획득한 경우를 제외하면 한 국가가 점유한 지역에 관한 다른 국가의  소유하고자 하는 욕구, 또는 소유할 지도 모르는 가능성에 의하여 영토의 획득(상실)이 발생하게 된다. 이러한 한 국가의 영토에 관한 소유잠재성은 지난 시기 국가간 영토를 거래한 역사적 기록으로 남아있다. 1803년 시기 프랑스 정부의 주권 하에 있던 아메리카 대륙의 루이지애나 지역은 영국과 미국 연합군에 의하여 공격당할 우려로 인해, 프랑스 정부가 미국 정부에 1,500만 달러에 루이지애나 지역을 매각하는 계약으로 이어지게 되었다. 1867년 알래스카 지역을 미국에 720만 달러에 매각한 구소련의 결정 또한, 아메리카 대륙에 위치한 지리적 불리함으로 인하여 영토를 뺏길 우려가 낳은 결정으로 볼 수 있다.

평화체제 구축 시기에는 대체로 국가가 소유한 영토의 변화는 크게 일어나지 않게 된다. 다만 분쟁지역으로 규정되거나 한 국가가 점유하고 있는 지역에 대하여 인접국가가 문제를 제기하는 경우에는 영토의 변화가 발생할 수 있다. 역사적 · 지리적 시각의 차이는 영토를 현재 점유하고 있는 국가와 그 영토에 관한 소유권을 주장하는 국가 사이의 갈등을 만들어낸다.

한국이 영토로 점유하고 있는 독도의 사례를 대표적 예로 제시할 수 있다. 현재 독도는 1945년 8월 광복 이후 줄곧 한국 주권의 영향력 하에 있는 지역으로 남아있다고 볼 수 있다. 그러나 일본이 독도에 관한 영유권을 주장하는 동시에 독도는 일본의 영토가 될 가능성이 존재하게 된다. 매우 희박한 가능성 임에도 불구하고 해당 지역에 관한 영유권을 주장하는 나라는 어쩌면 그 지역을 획득할 수도 있다. 반면에 이미 점유하고 있는 나라는 그 지역을 어쩌면 상실할 위험에 직면하게 되는 것을 의미한다. 즉, 국가가 영토에 관하여 가지는 소유잠재성은 현재진행형 이라고 할 수 있다. 현재 영토를 소유하지 않은 국가의 소유권 주장은 그것이 실현되지 못하더라도 전혀 손해를 보는 일이 아니기 때문이다.

이외에도 지구상에서 극한의 추위와 기후조건을 가진 남극과 인간의 활동성이 제약을 받는 우주공간의 경우, 공동개발의 원칙을 유지하고 있다. 남극은 1959년 '남극조약'에 의하여 남극을 인류 공동의 영역으로 과학기술 연구에만 활용되도록 보장하고 있으며, 우주공간의 경우 1967년 유엔 '우주조약'에 의하여 우주무소유 정신을 근간으로 어떠한 국가도 우주공간 및 천체에 대한 주권을 주장하거나 자국 전용으로 점유하지 못하도록 금지하고 이를 지켜왔다고 할 수 있다. 남극과 우주공간은 인간의 손길이 닿기에는 제약이 있게 되므로, 공동개발의 원칙이 지켜진다고 볼 수 있을 것이다. 다만 이러한 공동개발의 원칙이 기술의 발달로 인류의 활동범위가 넓어질 수 있고, 활동이 보다 용이해질 경우에도 지켜질 수 있을지는 의문이다. 영토에 관한 국가의 획득가능성, 즉 소유잠재성은 아직 영토가 확정되지 않은 우주공간에 관한 해외 식민지 개척의 욕구를 자극하게 될 것이기 때문이다.

## 4. 기업

국가에게 있어서 기업은 혁신을 통한 경제성장을 주도하는 존재로 볼 수 있다. 기업의 성장을 통하여 국가는 경제성장과 고용창출을 통하여 중산층을 두텁게 함으로써 국가의 안정성을 높일 수 있게 된다. 이러한 이유로 국가는 기업을 육성하기 위한 노력을 기울이거나, 외국투자 기업의 경우 경제성장과 고용안정의 목표를 위한 당근을 제시하기도 한다.

국가의 기업에 관한 정책적 · 재정적 지원은 가능

한 많은 기업이 혁신을 통하여 경제를 성장시키고 충분한 고용을 통한 사회안정을 위한 것으로 볼 수 있다. 즉 국가에게 하나의 기업이 활동하게 된다는 것, 또는 외국기업의 투자행위는 국가의 경제성장과 고용안정에 기여하게 된다는 것을 의미한다. 기업에 관한 국가의 소유잠재성은 위의 경제성장과 고용안정 이라는 목표에 따른 발현이라고 할 수 있을 것이다.

다만 국내기업과 외국계 또는 다국적 기업에 관한 인식은 다르게 나타난다. 국가에게 있어서 국내기업의 성장은 국익과도 동일하게 보는 시각이 지배적이며, 이에 따라서 국내 기업들을 육성하고자 하는 국가의 정책은 기업의 성장으로 나타나게 된다. 기업 혁신과 경제성장 연관성의 충분한 관계는 한국 정부 부처 중 하나인 중소벤처기업부를 통한 한국형 스타트업 기업을 육성하기 위한 정책으로 이어지고 있다. 이른바 K-startup 기업 육성을 목표로 창업교육과 멘토링 및 컨설팅, 시설 및 공간지원, 사업화, 정책자금지원, 판로 및 해외진출에 이르기까지 세부적인 지원을 시행 중에 있다. 이러한 국가적 차원에서의 지원은 미래 불특정 시점에서 나타날 창조적 기업의 혁신이 가져다 줄 창조적 성과에 관한 소유잠재성이 가져다 주는 것이라고 볼 수 있다.

두 번째, 국가는 출생과 역사를 통해 자국기업이라고 인정되어지는 대상의 성장을 지원한다. 국가 입장에서 자국기업이 이뤄내는 혁신은 경제발전에 기여하게 되며 성장이 촉진되는 효과를 기대할 수 있다. 따라서 국가적 차원에서 자국기업의 R&D 개발과 수출보증 업무 등을 제도적 · 재정적 지원을 지속함은 물론, 해외시장 개척에 필요한 자료들을 제공한다. 동시에 국가에서는 자국기업이 외국자본에 의하여 지배구조가 변화됨으로써, 자국기업의 정체성에 문제가 생기는 것에 대처하게 된다. 외국 자본이 국내 기업 주식을 다량 취득함으로써 지배구조가 변화됨에 따라, 국가적 손실로 나타날 수도 있기 때문이다. 이에 일부 국가들에서는 자국기업의 경영권을 방어하기 위하여 단 1주 이상의 소수지분으로도 거부권을 행사할 수 있는 '황금제' 제도 등을 시행 중에 있다.

세 번째, 국가는 자국의 이익을 위하여 외국기업의 투자를 적극 장려한다. 많은 국가들에서 경제특구를 지정하고 외국 투자기업들에 대한 혜택을 주는 것은 그 기업들이 경제성장과 고용, 기술이전 등에 기여하는 부분이 있기 때문이다. 그것은 기업의 시각에서 새로운 시장 진출과 그에 따른 수익확대라는 당근이 제시되기도 한다. 각국에서는 이러한 기업의 니즈(needs)를 충족시키기 위하여, 저렴한 또는 무상 임대, 세금감면 등의 혜택을 주고 있다. 국가에서는 외국기업의 경영활동이 경제성장과 고용, 기술이전에 관한 잠재적 소유를 가져다 줄 것으로 기대하고 있는 것이다.

## 5. 세금

국가는 세금을 통하여 국민의 생명과 재산보호의 의무를 현실화함으로써 만인에 대한 투쟁상태의 전환을 가져오게 된다. 다만 국가는 합법화된 공적 폭력에 관한 독점적 지위를 가진 존재로써 이를 실현하기 위해서는 국가예산이 필요하게 된다. 대부분의 국가예산은 국민들이 낸 세금으로 충당하고 있다.

따라서 세금이 얼마나 걷히느냐에 따라 국가의 예산이 달라지게 된다. 세금이 많이 걷히면 많은 예산을 책정해서 사용할 수 있는 반면, 적게 세금이 걷히게 되면 적은 예산을 책정할 수밖에 없는 것이다. 이에 국가에서는 대체로 보다 많은 세금을 걷기 위한 노력을 진행하게 된다.

예컨대 2020년 대한민국이 1년을 기준으로 국가가 징수할 것으로 예상하는 세금이 300조 원이라면, 실제로 징수여부와 관계없이 대한민국은 2020년 1년동안 그에 상응하는 소유잠재성을 가진다. 물론 세수확충을 위한 국가의 부단한 노력이 비단 어제, 오늘 일만은 아니라고 할 수 있다. 한국이 2005년 도입한 현금영수증 제도 또한 국가의 세수확충을 위한 시스템 구축으로서 의미를 가지게 된다.

현금영수증 발행제도는 일정 한도 현금영수증에 대하여 소득공제나 세액공제 혜택을 주는 제도로서 현금거래를 명확히 하여 세금을 투명하게 부과하기 위한 목적을 가지는 제도이다. 여기서 국가가 제공하는 소득공제와 세액공제의 대상은 개인 또는 사업자가 된다. 일반개인의 경우는 현금을 사용한 금액을 개인의 고유번호가 입력된 카드, 등록한 휴대전화 번호를 통하여 소득공제가 가능한 현금영수증을 발급받을 권리를 가진다. 한편 사업자의 경우에는 사업자등록번호를 현금과 함께 제시하면 지출증빙으로 인정이 되어 부가가치세 매입세액공제를 받을 수 있다고 할 수 있다.

이 제도의 도입으로 대한민국이 거둬들일 것으로 예상되는 세수가 늘어났다는 평가를 받는다. 즉 국가는 일반개인에게 현금영수증제도를 활용한 연말정산을 통한 세액공제를, 기업에게는 연말정산시 지출증빙을 통한 부가가치세 매입세액공제를 통하여 이들에게 금전적 혜택을 제공한다. 그것은 곧 개인과 기업이 각각 가지게 되는 소득공제와 세액공제을 받을 것으로 기대되는 소유잠재성을 자극한 것을 의미한다.

현금영수증 제도는 기존에 현금을 사용함으로써 정부가 세금을 거두지 못하고 지나가던 세금 부분을 개인의 소득공제와 기업의 지출증빙에 따른 소유잠재성 자극으로 극복한 정책으로 평가할 수 있을 것이다.

## 6. 지적재산권 외 기타

국가는 자국 국적을 가진 개인과 기업의 출생 및

역사적 사실에 기초하였을 때 자국기업으로 볼 수 있는 기업의 지적재산권 등 권리에 관한 소유권을 가진다고 간주한다. 여기에서 지적재산권(intellectual property right)은 특허권, 실용신안권, 상표권, 저작권, 디자인권을 총칭하는 개념으로, 공통된 목적은 산업발전, 또는 국민경제발전에 있다고 할 수 있다. 일정기간 개발자에 관한 독점적 지위를 인정함에 따라 경제발전에 기여하도록 하는 것이 본 제도의 목적인 것이다.

이에 많은 저작자, 발명가, 과학기술자 및 예술가 등 개인뿐만 아니라, 기업 또는 기관에 속한 개인의 지적재산권 획득을 위한 활동에 매진하고 있다. 전자의 경우 개인의 이익을 위하여, 후자의 경우에는 자신이 속한 집단의 이름으로 연구 · 개발 및 저작 활동을 진행 중이라고 할 수 있다. 이 중에서 국익에 도움이 되는 분야에 대하여 국가가 투자하는 경우 또한 존재한다.

국익에 도움되는 분야에 관한 국가의 투자는 개발된 기술에 관한 소유잠재성에 따른 것이라고 할 수 있다. 국가가 기술개발 과제를 기관이나 기업에 제안하고 이를 받아들여 기술개발이 이뤄지게 되면 그 기술은 국가와 해당 업체 또는 기관의 것으로 돌아가게 되는 것이다. 물론 국가가 투자한 기술과제가 아니라고 하더라도 국가에서는 자국 내에서 개발된 기술이나 경제현장의 노하우가 해외에 유출되는 것을 막기 위한 노력을 기울이게 된다.

과거 역사를 거슬러 올라가서 고려시기 말기 학자였던 문익점이 가져온 목화씨의 사례로부터 최근 시기 삼성이 개발한 휴대전화 디자인이 중국업체에 넘어가는 경우 등 이른바 산업스파이들로부터 국가의 핵심이익을 지키내기 위한 한국의 사례, 그리고 중국 내 기술이전을 강요하는 정책에 대한 미국 트럼프정책의 문제인식은 국익에 있어서 지식재산권이 가져다주는 중요성을 일깨워주는 것이라고 할 수 있다.

한편 국가의 핵심이익으로 될 수 있는 부분으로는 전략자산을 들 수 있다. 국가의 핵심이익 가운데 빼놓을 수 없는 것이 바로 국방인데, 외부의 위협으로부터 자국을 보호하기 위하여 필요한 것이 바로 전략자산이기 때문이다. 전략자산과 관련해서는 국가가 직접 무기를 개발하고 자국을 보호하기 위한 행위로부터 아직 핵을 개발하지 못한 국가를 대상으로 핵개발을 못하게 하는 적극적 행위로도 이어지고 있다. 핵무기의 보유가 가지는 국제정치적 의미는 공포의 균형을 유지하도록 하는 것인데, 그것은 기존에 국제사회에서 핵보유국이 가지는 지위를 상실하게 되는 것이기 때문이다. 핵개발을 하여 어쩌면 소유할 지도 모르는 국가, 또는 또 다른 핵무기보유국의 등장은 해당 국가에 대한 현재 핵보유국의 이점을 잃게 만드는 결과를 초래하게 된다.

이외에도 국가는 세계 또는 지역의 패권에 관한 소유잠재성을 가진다. 세계적으로는 미국이 가진 패권에 관하여 미래 불특정 시점에서 중국이 패권을 가져올 수 있을지도 모른다. 아시아 또는 유라시아 대륙에서 보면 역사상 가장 넓은 영토와 세계최대 인구, 그리고 풍부한 자원을 보유한 중국의 패권적 지위, 그리고 영토분쟁 등으로 오랜 기간 갈등관계를 이어온 인도의 도전은 미국과의 돈독한 관계를 유지하면서 여전히 현재진행 중이다. 러시아 또한 20세기 중반 공산진영 패권국의 경험의 장점을 살려, 주변국가에 가스관을 통한 에너지 공급을 통해 영향력을 확대하고 있다.

패권국은 과거 역사와 현재를 볼 때 많은 이점들을 가지게 된다. 과거 유럽에서 최대의 영토를 통치한 이탈리아 반도의 로마제국과 같은 시기 동양의 패권국이었던 중국은 동서양의 중심지로서 정치, 경제, 문화, 종교, 언어 등에서 중심에 있었다고 할 수 있다. 당시에 유행한 "모든 길은 로마로 통한다." 라는 문장과 중국의 비단길(Silk Road)은 패권국의 지위를 대표하는 문구로 대표 되어진다. 19세기와 20세기 각각 패권국이었던 영국과 미국의 영향으로 세계 공용어로 영어가 사용됨으로써, 영미권 거주국민들은 세계 모든 지식과 정보에 관한 신속한 접근성을 가지게 되었다. 나아가서 운송 및 정보통신의 발달로 인하여 패권국의 통화가 세계공통으로 사용 되어지는 기축통화 개념이 생겨나게 되었으며, 패권국의 통화가 환율과 모든 무역 및 거래의 기준이 되는 기축통화는 전세계 공용화폐로서 지위를 확고히 하게 됨을 의미한다.

| 제3장 |

# 소유잠재성의 발현-정당

## 1. 정당의 소유범주

정당은 민주주의 정치체제의 핵심으로, 대의제 민주주의에 있어서 시민과 권력을 잇는 다리이자 권력의 관찰자이며 의회정치의 장본인으로 볼 수 있다. 따라서 정당이란 의회정치를 전제로 공통의 목적을 가진 2명 이상의 회원이 결집한 조직체인 이상 회원을 연결하는 공통의 조직목표를 가진다. 그것은 정치권력의 획득과 행사, 유지인데 이것이 이익집단이나 시민운동 등 다른 인간조직과 결정적으로 다른 점으로 볼 수 있는 것이다.

역사적 흐름 관점에서 볼 때 정치권력은 획득가능한 것으로 볼 수 있다. 인류의 오랜 정치시스템으로 꼽히는 왕정시스템에서 왕은 자신이 가진 권력을 후계자에게 양도할 수 있었다. 과거 한반도의 왕조국가 조선에서 또한 장자에게 정치권력을 세습하는 것 또한 관례 중의 하나였다. 후계자는 세자(世子) 라는 명칭으로 후계수업을 받으면서 왕의 지위에 오를 준비를 하였으며, 정치권력을 획득할 잠재성이 가장 큰 인물이었다고 할 수 있었다. 다만 조선의 네 번째 왕이 정치권력을 획득할 무렵 시기의 상황은 복잡하였으며, 장자였던 양녕대군이 왕세자(王世子)로 책봉되었으나 이후 왕위에 오르지 못하고 폐세자(廢世子)가 되었다. 이후 정치권력을 획득할 가능성이 매우 낮았던 충녕대군은 세자의 자리에 오르면서 차남이었던 효령대군을 제치고 왕의 자리에 오르게 되었으니, 그가 바로 한글을 창시한 조선시대 최고의 왕으로 평가받는 세종대왕이다. 즉 정치권력은 정치시스템에 따라 그 방식은 다를 수 있어도 획득가능한 것으로 볼 수 있다. 대체로 정치권력을 획득할 가능성이 높은 정당, 또는 인물에게 그 권력이 돌아가는 경우가 다수이지만, 그렇지 않은 경우들도 존재하기 마련이다.

민주주의 정치시스템에서 정치권력이란 선거를 통하여 쟁취할 수 있는 대상으로 볼 수 있다. 이 때 정치권력은 중앙과 지방 권력, 중앙과 지방의 의회로 세분화할 수 있다. 각 정당은 선거 때마다 정치권력을 획득, 또는 수성하기 위하여 온갖 노력을 기울이며, 선거를 앞두고 발표되는 설문조사 결과는 정당이 정치권력을 획득할 소유잠재성과 비례한다고 볼 수 있다. 이러한 관점에서 보았을 때 민주주의 정치시스템에서 정당이 소유할 수 있는 범주는 선거를 기준으로 아래와 같이 분류할 수 있게 된다.

첫째, 국가 주권의 합법적 제도와 절차에 의하여 중앙정부의 최고 지도자 선출

둘째, 국가 주권의 합법적 제도와 절차에 의하여 지방정부의 최고 지도자 선출

셋째, 국가 주권의 합법적 제도와 절차에 의하여 국민을 대표하는 의원 선출

넷째, 국가 주권의 합법적 제도와 절차에 의하여 지역민을 대표하는 의원 선출

## 2. 중앙정부 권력

민주주의 정치체제에서 중앙정부의 권력은 선거를 통한 국가 최고지도자의 선출과 연관성을 가지게 된다. 국가 최고지도자는 중앙정부의 관료를 임명하고 이들을 통하여 국정을 운영해 나갈 권한을 가지기 때문이다. 따라서 국가 최고지도자를 배출하는 정당은 여당으로서 지향하는 가치와 이념을 국정에 반영하고 정책화시켜 나가는 권한을 가지게 된다.

대통령제를 유지하는 국가들에서는 주기적인 대통령 선거를 통하여 국가의 최고지도자를 선출하는 과정을 거치게 된다. 대통령을 중심으로 하는 행정부는 의회를 중심으로 하는 입법부, 사법부와 분리되어 국정을 운영하게 되는 것이다. 즉 대통령 임기동안 대통령과 대통령을 배출한 집권여당의 정책기조가 국가 정책에 반영되어지는 특징을 가진다.

한편 의원내각제 정치시스템을 도입한 국가에서

는 수상을 임명하기 위한 선거를 따로 치르지 않는다는 점에서 대통령제와 차이점을 드러낸다. 총선거를 통하여 절대다수의석을 확보하게 된 정당 또는 정당연합의 당수가 수상으로 임명될 것으로 기대하게 된다. 물론 극히 예외적인 상황을 제외하고는 다수 의석을 확보한 정당 또는 정당연합의 당수가 수상의 권한을 가져간다고 할 수 있다. 따라서 의원내각제도 하에서 행정부의 수장은 국회의원 선거 결과에 따라 바뀌게 될 수 있는 것이다.

대통령제와 의원내각제는 국가 원수를 선출하는 방식의 차이가 존재함에도 불구하고, 민주주의를 실현하는 두 가지 제도 모두에서 공통적으로 집권여당의 정책의지가 행정부를 통하여 중앙정부의 정책에 반영된다는 점에는 이견이 없다고 할 수 있다. 따라서 현재 대통령, 또는 수상을 배출한 집권정당이 지속적으로 행정부의 권한을 지속하기 위해서는 국민들의 지지를 받는 정책을 시행하여 선거에 승리하여야 한다. 현재 대통령 및 수상, 또는 집권정당에 관한 지지율은 차기 선거 결과 중앙정부의 권력을 현재 여당(연합)이 계속 이어가느냐, 야당에게로 넘어가느냐의 기준이 된다고 할 수 있다. 물론 대통령이나 수상이 법적 · 제도적 범위를 벗어나는 중대한 문제행위 등으로 인하여 탄핵이 되는 경우에도 중앙권력의 위기는 찾아오게 되며, 이 경우에는 조기선거를 실시함으로써 중앙권력을 차지하게 될 정당의 주인을 가리게 된다.

이러한 민감성으로 인하여 정부 · 여당은 정당이념과 가치 구현 하에 국민의 지지를 받는 정책을 실현하기 위하여 노력하는 한편, 야당은 정책에 관한 허점이 없는지 살펴보고 그에 대한 대안제시를 통하여 존재감을 부각하기 위한 노력을 진행하게 된다. 국회의원 총선거가 곧바로 중앙권력의 변화로 이어지는 의원내각제에서 정부 · 여당의 정책의지와 야당의 비판과 대안제시에 따른 지지율 변화가 정권변화의 연관성이 보다 크게 나타나게 된다고 할 수 있다.

반면 중앙권력을 대표하는 대통령을 뽑는 선거를 따로 치르는 대통령제 하에서는 조금 다른 기류가 감지될 수도 있다. 대통령과 정부 · 여당의 지지율이 다소 낮게 나타나고 있다고 하더라도, 집권정당 대통령 후보의 인지도와 지지율이 높게 나타날 경우에 정권교체가 발생하지 않을 수도 있다. 반대로 정부 · 여당의 지지율이 높게 나타나고 있다고 하더라도, 야당이 인지도가 높고 지지율이 높은 대통령 후보를 내세우게 되었을 경우에는 정권교체가 발생할 수도 있게 되는 것이다. 이러한 시각에서 볼 때, 의원내각제가 대통령제에 비하여 현 정부 · 여당의 정책에 관한 국민의 의지를 보다 잘 반영하는 시스템이라고 볼 수 있게 된다.

다만 소유잠재성 관점에서 국민의 정부 · 여당에 관한 지지율, 야당에 관한 지지율은 현 정권이 가진 중앙권력에 관한 유지 또는 획득 가능성 여부이며, 언제나 그렇듯 그것을 야당이 가져갈 수 있는 가능성은 상존하게 된다.

## 3. 지방정부 권력

지방정부의 권력은 지방선거의 결과 해당 지역의 시장, 도지사, 구청장, 군수의 당선여부로 갈라지게 된다고 할 수 있다. 물론 지방정부 권력은 중앙정부의 행정부가 입법부와 사법부의 견제를 받는 것보다 더 많은 제약을 받게 된다. 정치적 상황이 지방정부 권력에 영향을 미치게 되는 것이다. 민주주의 정치제도를 유지하고 있는 많은 국가들에서도 정도의 차이는 있으나, 중앙정부의 존재는 지방정부 권력에 영향을 미치는 요인이 되기 때문이다.

지방정부의 수장을 선출하는 선거에 미치는 영향 또한 복합적이다. 정당에 속한 현재 지방정부 수장이 역량을 발휘하여 해당 지역의 발전에 얼마나 정책적으로 기여 하였는가 뿐만 아니라, 현재 국가원수의 지지율과 집권 여당의 지지율이 선거에 상당한 영향을 발휘하기도 한다. 2018년 6월 한국에서 실시된 지방

선거에서 대통령의 남북정상회담과 북미정상회담 중재 노력, 그리고 집권여당의 대북정책 성과에 힘입어 여당의 압승으로 끝나는 결과를 가져온 것이 그 대표적 사례이다.

따라서 정부 · 여당의 정책과 정당 지지율에 영향을 받는 지방선거의 특성상 현재 정당에 속해있는 지방 정부의 수장, 또는 후보자는 무소속으로 출마를 결심할 수도 있다. 무소속 출마를 결정한 이면에는 현재 속해있는 정당으로 출마를 하는 것보다 무소속으로 선거에 입후보하는 것이 후보자 자신에게 당선확률이 높다는 판단 하에 이뤄지는 것이며, 한국에서 2018년 6월 실시된 지방선거에서 제주도의 야당 소속 도지사 역시 무소속 출마하여 당선되기는 사례가 등장하기도 한다. 즉, 무소속으로 출마하는 것이 기존 정당 소속 출마보다 권력의 획득가능성을 높여주는 선택이 되는 것이다.

한편 지방정부 수장의 임기 내 지방정부 성과는 본

인의 지지율 상승으로, 다음 선거에서의 지방권력의 획득가능성이 높아지게 되며, 동시에 소속된 정당의 지지율에도 긍정적 영향을 줄 수 있다. 이것은 반대로 지방정부 수장의 실정으로 인한 지지율 하락으로 본인이 속한 정당에 영향으로 줌으로써 탈당할 것을 요구받는 상황이 될 수 있음을 의미한다. 중앙정부 권력이 탄핵 등 이유로 새로 선거를 치를 가능성이 존재하듯이, 최악의 경우 지방정부의 수장이 선거과정에서 부정행위, 금고형 이상 벌금의 범죄행위 등이 인정되면 중간선거를 통하여 지방권력의 주인이 다시 결정되어진다.

## 4. 중앙의회 권력

의회는 본래 정부의 권한남용 견제를 목적으로 만들어진 기구로서 입법활동을 비롯하여, 정부예산의 승인, 헌법개정, 정부 대내외 정책 심의 · 비판, 장관 · 재판관의 소추 및 탄핵에 관한 다양한 기능을 수행한다. 따라서 정부 · 여당에게 있어서 국가정책의 원활한 추진을 위해서 의회권력을 장악해야 할 필요성이 생기게 된다. 반면 야당이 중앙의회를 장악하게 되면, 정부 · 여당의 원활한 정책추진은 어렵게 된다고 할 수 있다.

한편 의회제도는 상원과 하원을 갖춘 양원제(兩院制)와 하나의 의회만이 있는 단원제(單院制)가 존재하게 된다. 양원제의 경우 상원을 귀족 등 특수계급의 이익을 대변하거나 또는 연방국가에서 각주의 이익을 대변하는 의원으로 구성 되는 반면, 단원제는 하나의 의회로 구성된다는 점에서 차이점을 가진다.

대통령제와 의원내각제 모두에서 국회의원을 뽑는 선거는 중요한 정치적 의미를 가진다고 할 수 있다. 한꺼번에 모든 국회의원을 선출할 수도 있고 부분적으로 국회의원을 교체하는 경우도 있으나, 의원의 숫자가 많은 다수당이 국회권력을 장악하게 된다. 따라서 의원내각제에서 다수당의 당수는 일반적으로 국가 권력을 장악하는 수상의 지위에 오르게 된다.

다만 대통령제에서 국민들의 높은 지지를 받아 다수당의 지위에 오른 정당에서 대통령이 배출되지 않을 수도 있다. 선거 결과 높은 지지를 받은 정당에서 대통령을 배출하여 중앙권력을 장악할 가능성이 높지만, 그것은 단지 중앙권력에 대한 획득가능성이 높을 뿐 대통령선거를 치러봐야 그 결과를 알 수 있게 된다.

중앙의회의 권력을 좌우하는 선거 역시 정부 · 여당의 정책의 성패 여부에 달려 있기 마련이다. 선거는 국민이 집권 정당을 평가할 수 있는 유일한 평가도구이기 때문이다. 이에 현 정부의 성과는 고스란히 정당이 확보한 의석수와 비례하여 나타나게 된다. 다만 중앙 의회권력을 결정하는 선거 과정에서도 부정 등으로 당선이 취소되는 경우는 발생하기 마련이며, 이 경우 획득한 권력을 잃어버리는 결과를 초래하게 될 수도 있다.

## 5. 지방의회 권력

지방의회의 기능은 지방정부의 권한남용을 방지하기 위한 목적의 기구로서, 편성된 지방정부예산의 심의 · 의결 진행과 행정사무감사의 권한으로 정리할 수 있다. 다만 예산의 심의의결 및 행정사무감사 권한은 지방정부와 지방의회의 권력이 같은 정당일 때 보다 협력적 관계 하에 행사되어 지게 된다. 이 경우에 지방정부가 제출한 예산안이 거의 변경되지 않고 쉽게 최종 예산안이 확정되어진다. 반면 지방정부와 지방의회 권력을 가진 정당이 상이할 경우, 지방정부가 제출한 예산안이 지적받게 되며 당초 제출된 예산보다 삭감되어 의결될 가능성이 높다고 할 수 있다. 행정사무감사 역시 지방정부와 지방의회를 장악한 권력이 동일 정당일 경우보다, 지방정부와 지방의회 권력의 정당이 상이할 때, 감사 실시건수가 많게 나타나게 된다.

이러한 현상은 중앙 정부 · 여당에 관한 야당의 행태와 동일한 것으로 볼 수 있다. 다만 지방정부를 장악한 권력이 여당이라면 야당이 장악한 지방의회의 갈등을 완화할 수 있는 길이 열리게 된다. 같은 정당 소속이라는 이점을 내세워 중앙정부의 예산을 지원받는데 보다 수월할 수 있고, 지역의 이익에 기여함으로써 지역사회의 지지를 얻어내는 것이 가능하게 되기 때문이다. 이와 반대로 지방정부를 장악한 권력이 야당일 경우 지방의회가 여당이라면 갈등상황을 피할 수가 없게 되며, 지방정부는 중앙정부와 지방의회 모두와 대립하는 상황에 직면하게 될 가능성이 크다.

지방의회 권력의 선출 역시 각 정당에서 공천한 후보들에 관한 지역주민들의 선거에 의하여 결정된다고 할 수 있다. 선거에서 후보를 찍을 때 우선 고려되는 것으로는 출마 의원의 배경과 성과 및 지역에 관한 기여도를 들 수 있다. 다만 상대적으로 중앙정부의 국회의원에 관한 관심도는 상대적으로 떨어지는 경향을 보이게 된다. 두 번째로 고려되는 요인은 의원이 속한 정당이다. 다수의 사람들이 투표행위를 정권에 관한 평가로 간주한다는 점에서, 정부 · 여당의 지지율이 높게 나타날 경우에는 여당 소속 의원에 표가 몰릴 가능성이 높은 반면, 야당의 지지율이 정부 · 여당에 비해 우호적인 경우에는 야당 소속 의원에 표가 집중될 가능성이 높다고 할 수 있다.

다만 지방의 의원이 정책을 주도하거나 입법활동을 통하여 지역주민들에게 인지도를 얻기란 쉬운 일이 아니라고 할 수 있다. 지방정부의 수장은 본인이 가진 인지도를 무기로 무소속으로 출마하여 지방정부 권력의 획득가능성을 높일 수 있는 선택지가 주어지지만, 지방의원에게 그와 같은 선택지는 주어지지 않게 된다.

| 제4장 |

# 소유잠재성의 발현-기업

# 1. 기업의 소유범주

기업은 국가경제에서 매우 중요한 역할을 하는 존재임이 분명하다고 할 수 있다. 기업의 혁신은 경제를 성장시키고 새로운 재화와 서비스를 제공하는 행위의 중심에 있으며, 고용을 창출함으로써 지역사회에도 기여하게 된다. 따라서 기업의 창조적 활동은 국가와 사회의 지지를 받으며 장려될 수 있게 되는 것이다.

대부분의 국가와 지역에는 기업활동이 이어지고 있는 이유 또한 마찬가지로 설명이 가능하다. 기업이라는 조직은 경제에서 가장 효율성을 발휘하는 존재로서 의미를 가지게 된다. 이러한 이유로 기업은 경영에 필요한 모든 것들과 개인이 소유할 수 있는 모든 유·무형의 자산을 소유할 수 있게 된다. 기업의 역사를 놓고 볼 때 그 시작은 개인이 소유한 자본으로부터 출발한 경우가 많았기 때문이다. 다만 개인이 소유할 수 있는 것들에 관한 범주의 내용은 아래 부분에서 따로 다룰 것이므로, 여기에서는 경영에 필요한 소유의 범주 내용을 다루고자 한다.

우선 기업경영에서 가장 중요한 것은 기업의 경영권을 들 수 있다. 경영권은 기업의 물리적 지분 다수가 누구에게 귀속되는지와 연관되어 있으며, 안정적인 경영권의 행사는 기업의 성장과 발전에 중요한 영향을 주게 된다. 다만 경영권이 반드시 물리적 소유지분에만 국한되지 않을 수도 있다.

두 번째, 기업은 생산에 필요한 생산설비와 생산에 필요한 모든 것을 소유한다. 기업활동은 유·무형의 재화 생산 및 서비스의 생산으로 정리할 수 있다. 즉, 새로운 재화나 서비스의 도입에 따른 효과는 경제성장과 주민의 삶의 질 향상에 기여하는 부분이다. 즉 기업활동의 핵심으로 꼽을 수 있는 '생산'에 필요한 모든 것을 소유할 수 있다.

세 번째, 기업은 지적재산권을 소유한 것으로 볼 수 있다. 세계화가 진행됨에 따라 기업이 가진 원천기술의 중요성은 생존에 매우 중요한 요소 중의 하나가 되고 있다. 이에 기업들은 원천기술에 관한 특허, 실용신안 등 다양한 지적재산권을 확보하기 위하여 노력하게 된다. 기업이 획득한 지적재산권은 다른 경쟁 기관 · 기업소들로부터 지적재산에 관한 보호를 받음으로 인하여 경쟁력을 확보할 수 있는 무기가 된다고 할 수 있다.

네 번째, 기업은 고용한 직원의 능력을 소유한 것으로 볼 수 있다. 기업에게 직원은 생산을 담당하는 인적자원이자 창의적 존재이다. 따라서 기업에 어떤 직원들이 조직문화 속에서 생산문화, 생활문화를 만들어내고 효율성을 높이는가 하는 것은 기업의 실적에 영향을 주는 요인으로 될 수 있게 된다.

## 2. 경영권

기업의 안정적 경영권 행사는 기업이 변화하는 환경에서 신속한 의사결정을 함으로써 지속적이고 능동적 대처를 통하여 지속적으로 발전해 나가는데서 가장 중요한 역할을 담당한다고 할 수 있다.

처음 창업하여 성공을 이룬 Start-up 기업들의 경우는, 대체로 기업가정신으로 무장된 창업가의 의지에 의하여 안정적 경영권을 행사하게 된다. 다만 이후 성장한 기업이 주식회사로 그 형태를 바꾸게 되면 지분에 따라 경영권을 행사하지 못하게 될 수도 있다. 일정한 주식지분을 확보하지 못할 경우에 회사의 안정적 경영에 위협받는 일이 생겨날 수도 있는 셈이다. 이러한 이유로 기업은 현재 소유하고 있는 안정적 경영권을 지속하기 위하여 현재 경영권을 가진 개인, 또는 그룹의 안정적 지분을 유지하고 관리하는 노력을 지속할 수밖에 없다.

그럼에도 불구하고 기업의 안정적 경영권은 항상 위협에 노출되어 있으며, 경제위기나 기업 내부 경영권 갈등의 문제발생은 외부 투자세력 입장에서 해당 기업의 경영권을 장악할 좋은 기회로 작용할 수 있다.

지난 1997년 말 들이닥친 한국의 경제위기의 경우 1929년부터 10여년 기간 지속된 세계대공황을 방불케 하는 것이었으며, 수많은 기업들이 도산하거나 경영권을 빼앗길 위기에 직면하고 있었다. 이른바 IMF사태로 불리는 한국의 경제위기 상황으로 기업들은 생존을 위한 모색을 시작하였고, 이 과정에서 한국의 대기업집단들은 계열사의 지분의 상당부분을 매각하거나, 또는 도산하는 경우도 적지 않았다. 도산한 기업들의 다수는 외국에서 유입된 투자자본에 의하여 경영권이 장악되기에 이르렀고, 이로 인하여 한국의 경제발전을 이끌던 대우, 제일은행 등 굴지의 기업들은 그 정체성을 잃어버리게 되고 말았다.

이러한 외국 투자자본의 리스크에 대비하여 각 국

가는 자국 기업의 경영권을 방어하기 위한 황금주 제도 등 법적·제도적 장치를 제정하고 있다. 단 1주만 가지고 있어도 거부권을 행사할 수 있는 황금주제도는 경영권 방어가 가능한 주식제도를 의미하듯이, 때로는 기업의 주식지분이 회사의 경영권과 비례하지 않는 경우도 존재할 수 있다.

예컨대 한국의 철강, 통신 업종 기업들의 경우 이전 시기 공기업의 형태를 띄고 있었으며, 그에 따라서 정부에 그 경영권이 귀속되었다고 할 수 있다. 이후 POSCO, KT 등으로 사명을 바꾸고 민영화를 진행한 위 기업들은, 민간에 지분이 넘어가게 됨으로써 정부의 소유지분이 더 이상 최대주주의 지위에 있지 않음에도 불구하고 기업의 경영에 막대한 영향력을 행사하고 있다.

이른바 이전 시기부터 이어져 내려오던 공공부문 사업의 관행에 관한 경로의존성이 현재 기업의 경영에도 영향을 주는 것이라고 할 수 있다. 그것은 민간에서 맡은 사업이라 하더라도 그것이 국가적 · 사회적으로 중요한 부문으로 인식되고, 국가적 차원에서 적극적 관리의 대상이 된 것에 기인한 것이다. 해당 기업의 출생과 역사가 국적기업이라는 인식으로 받아들여지고 국익과의 연관성 관점에서 접근함으로써, 국가의 경영권에 미치는 영향력이 커지게 되는 것임을 의미한다.

요컨대 기업의 경영권 행사는 대체로 기업의 소유지분과 연관을 가진다고 할 수 있다. 그러나 그것이 반드시 일치한다고 볼 수는 없으며, 외부 위협에 의한 경영권이동이 국익의 손실로 이어지는 경우 등에 한해서는 법적 · 제도적으로 경영권을 제한하고 있다. 이것은 기업이 가진 경영권의 상실이 국가적 · 사회적 문제를 야기하는 경우이자, 동시에 국가 이익의 감소라는 접근법에서 가능한 것이며 이미 민영화된 기업의 공공부문에서 국가의 경영권 확보라는 점 또한 경로의존성과 국가적 · 사회적 가치 측면에서 볼 수 있는 부분이다.

## 3. 생산수단

기업이 경영행위에 있어서 소유할 수 있는 것으로는 직접 생산에 필요한 설비와 재료, 생산 또는 서비스를 제공할 공간, 생산에 도입된 여러 종류의 시스템, 생산에 제공 되어지는 전기와 수도, 에너지 등이 있을 수 있다. 이러한 생산수단은 기업의 모든 혁신행위를 포괄하는 것임과 동시에, 국가경제 발전에 기여하게 된다.

첫째, 기업의 제품 생산과정에서 핵심역할을 하는 생산설비와 원료는 완성품에 관한 소유잠재성을 가진다. 기업이 가진 설비와 원료는 완성품을 만들어 내기 위한 수단으로 존재하며, 완성된 제품을 통하여 충분한 수익을 실현해 낼 수 있다. 즉, 기업은 설비와 원료가 없으면 완성된 제품을 만들어낼 수 없는 것이므로, 설비와 그에 대한 재료의 조합은 완성품의 획득에 필요한 전제조건이라고 할 수 있다. 만들어진 상품은 시장에서 적정한 가격에 판매됨으로써 기업에 수익을 안겨주게 된다.

둘째, 기업이 제품을 생산하거나 서비스를 제공함으로써 수익을 내기 위해서는 적절한 사업장이 필요하다. 적정한 공간의 제공 없이 기업경영은 사실상 불가능하게 되는 것이므로, 기업 활동에 있어서 부지와 공간의 확보는 필수적이라고 할 수 있게 되는 것이다. 이렇게 기업활동에 필요한 토지와 건물을 소유하게 된 기업은 시간이 흐름에 따라 변화하는 가치에 해당하는 이익, 또는 손실을 획득하게 된다. 예컨대 전쟁이 임박한 시기의 토지 및 건물가격은 하락하는 반면, 대체로 평화시기가 지속될 경우 부동산의 가격은 상승세를 보이는 경향을 보이게 된다.

셋째, 기업이 안정적인 경영활동을 통하여 지속적

인 경쟁력을 갖추기 위해서는 체계적인 시스템의 획득이 필요하다고 볼 수 있다. 예컨대 우주비행사들이 소비하게 될 식료품의 안전성을 보장하기 위한 목적으로 1993년 체계 및 적용지침이 제정되고 1997년 개정된 HACCP(Hazard Analysis and Critical Control Point)는, 식료품 생산의 매 공정들에 있을 수 있는 세균이나 바이러스, 기생충과 같은 생물학적 위험인자들과 그리고 중금속이나 세척제 및 소독제 잔여물과 같은 화학적 위험인자, 또한 돌조각이나 유리조각과 같은 물리적 위험인자들을 제때 찾아내고 해당한 관리조치를 취함으로써, 그것들을 제거하거나 허용한계까지 낮추도록 하는 식품안전관리사업을 의미한다. 이어 2005년에 HACCP 원리를 구현한 ISO22000이 식품안전관리체계로 제정되어 세계적 범위에서 안전식료품의 생산준칙으로 인정되고 있다. 이에 전세계 식품기업들은 HACCP과 ISO22000 체계를 도입하고 있으며, 북한에서 또한 2007년 국규(ISO) 22000을 제정하고 대동강맥주공장, 대동강식료공장, 선흥식료공장 등에서 식품안전관리체계를 갖추고 있다.

1950년대 후반 탈리도마이드(thalidomide) 사건[1)]의 영향으로 세계보건기구(WHO)가 의약품 등의 제조나 품질관리에 관한 규칙으로 GMP를 제정하고, GMP를 구축한 것도 비슷한 사례로 볼 수 있다. 1968년 제정된 GMP(Good Manufacturing Practice for Drug)는 의약품생산 및 품질관리기준으로써, 품질이 보장된 좋은 의약품을 생산하기 위해서 공장건물과 시설의 시공부터 원료자재의 구입, 의약품 제조 및 포장, 출하에 이르는 전반적인 생산과정에서 지켜야 할 요구조건을 밝힌 기술규범을 의미한다. 즉 이와 같은 꼼꼼한 체계를 갖춘 공장에게 제공되는 GMP 인증증서는 의약품을 생산하는 기업 단위는 필수적으로 갖춰야 하는 시

1) 1950년대 후반 임상실험을 제대로 거치지 않은 탈리도마이드 약품을 입덧 증상에 복용한 임산부들이 선천적으로 팔다리가 결손되거나 짧은 기형아를 출산한 사건

스템이라고 할 수 있다. 북한에서도 이를 2006년 의약품생산 및 품질관리기준을 국가규격으로 제정하고, 정성제약종합공장, 평양제약공장, 건강합작회사, 신의주화장품공장, 강계고려약가공공장, 희천고려약공장, 평천고려약공장에서 GMP 인증사업에서 성과를 거두고 있다.

요컨대 국제적으로 인정되는 HACCP, ISO, GMP 등 인증은 해당 분야의 사업을 하는 기업이 생산 및 제조한 제품의 안정성과 위생성을 보장하는 것으로써, 기업의 경쟁력 확보와 소비자 신뢰도 확보 측면에서 반드시 확보해야 하는 것으로 되고 있는 것이다. 이외에도 기업이 경영활동을 위해 갖추게 되는 전기, 수도, 에너지 공급시설 또한 기업이 소유한 자산으로써, 완성품, 또는 서비스를 통한 수익실현의 필요조건 중 하나라고 할 수 있다.

## 4. 지적재산권

지적재산권은 기업이 소유한 자산의 핵심 영역 중 하나로 볼 수 있다. 기업에게 특허권, 실용실안권, 상표권을 비롯한 지적재산권 등은 때로는 그 어떤 자산보다도 가치있는 것일 수도 있기 때문이다.

이러한 이유로 각 기업들은 연구 · 개발을 통하여 경쟁업체보다 우위에 있는 독점기술을 확보하기 위한 노력을 진행하며, 때로는 컨소시움을 구성함으로써 기술개발의 공동이익을 취하는 전략을 펼치기도 한다.

정보통신의 발달을 뒷받침해온 정보통신망 기술의 개발사례의 경우, 한국의 전자통신연구원(ETRI: Electronics and Telecommunications Research Institute)과 삼성전자가 중심이 되어 2002년 10월 4세대 이동통신 표준기술을 목표로 WIBRO를 개발한 사례를 들 수 있다. 한국이 독점 개발한 무선 광대역 인터넷 서비스 와이브로(WIBRO: Wireless Broadband Internet)는 2007년 10월 국제전기통신연합(ITU)에서 기술표준으로 인정받고, 2011년부터 4G 이동통신 기술로써 KT와 SK텔레콤을 통하여 상용화되기에 이르렀다. 그러나 WIBRO-Evolution 규격의 4세대 이동통신망 활용은 해외시장 개척의 노력에도 불구하고 국내에만 국한되었으며, 그 마저도 2013년 국내에 LTE 규격의 4세대 이동통신망이 국내 시장을 장악하면서 쇠락의 길을 피할 수 없게 되었다.

한편 LTE(Long Term Evolution) 이동통신 규격은 유럽의 3세대 이동통신 규격이었던 WCDMA(Wideband Code Division Multiple Access)로부터 발전된 버전이라고 할 수 있다. 이미 유럽 지역에서 표준화된 정보통신망을 기반으로 하는 기술동맹이 형성되어 있던 2009년 12월 스웨덴-핀란드에 거점을 둔 텔리아소넬라(TeliaSonera)에 의하여 LTE 기술이 개발되었다. 당시 유럽지역의 대부분이, 전세계적으로 70% 이상이 사용되고 있던 WCDMA 규격의 정보통신망은 기존 3G 통신망과 호환이 용이하다는 점, 그리고 망투자의 비용을 줄일 수 있다는 점 등이 강점으로 작용하였으며, 4세대 통신망의 기술표준으로 자리매김 하게 되었다. 안타깝게도 한국 국책연구기관과 삼성전자, 그리고 KT가 야심차게 도전장을 내민 4세대 이동통신 규격망의 표준화는, 세계적으로 많은 우군을 가진 4세대 이동통신망 LTE 규격을 보유한 스웨덴-핀란드의 델리아소넬라 사에 의하여 좌절될 수밖에 없었던 것이다. 한국 정부와 삼성전자, KT 등이 국가적 역량을 쏟아 부어 4세대 이동통신망 규격의 표준화의 획득이라는 소유잠재성에 의하여 행동 하였으나 실패를 맛본 사례라고 할 수 있다. 그러나 또 하나의 이동통신망을 구현할 수 있는 방법의 개발, 나아가서 미래 5세대 이동통신망 규격의 선정 시기에도 다시 한 번의 격돌이 예상된다.

위의 사례가 천문학적 가치의 지적재산권의 확보

를 위한 기업의 연구 · 개발 경쟁이라고 한다면, 기업의 지적재산권 확보의 방법으로 기업의 인수 · 합병, 또는 이미 개발한 기술을 산업스파이 등의 활동 또한 범주 안에 포함시킬 수 있다. 기업간 특허 등에 근거한 기술 등 지식재산권은 기업들의 경쟁력으로 이어지는 것임을 의미하므로, 기업간 기술개발 경쟁이 매우 활발하게 이뤄지게 된다. 그러나 지적재산권 획득의 행위가 반드시 도덕적이지 않다는 점과 국경을 넘어서게 될 때 이 도덕적 행위의 요구사항은 더욱 낮아지게 된다고 할 수 있다.

우선 기업을 인수 · 합병 하는 방식으로 기존의 기업이 가진 지적재산권과 핵심 기술을 확보한 대표적 사례로는 2005년 1월의 쌍용자동차에 관한 중국상하이자동차 인수 · 합병 결정을 들 수 있다. 당시 경영난에 빠진 쌍용자동차를 인수해 줄 기업이 필요하였고, 중국의 상하이자동차는 쌍용자동차가 가진 특허 등 지식재산권과 'Hybrid 자동차 중앙통제장치기술'로 대표할 수 있는 핵심기술을 획득하기 위하여 인수 · 합병을 내리게 되었다. 물론 인수 · 합병의 조건에는 한국 내 쌍용자동차에 관한 투자를 통하여 경영정상화를 해줄 것이 포함되었다. 그러나 2009년 1월 상하이자동차는 인수 · 합병의 결정을 내린지 4년 만에 법정관리를 신청하고 쌍용자동차의 경영에서 사실상 손을 떼었다. 결과적으로 상하이자동차는 쌍용자동차가 보유한 지적재산권과 핵심기술에 관한 획득을 목적으로 투자를 한 것으로 볼 수 있는 것이다.

한편 기업이 준비 중인 특허 · 실용신안을 비롯한 지적재산권과 핵심기술을 유출 현상 역시 빈번히 일어나고 있다. 예컨대 삼성이 2018년 개발한 'Galaxy Edge Display' 기술의 중국 디스플레이 업체들에 유출된 사례는, 삼성의 30년 협력업체가 비밀유지 계약이 체결된 3D 라미레이션 설비의 수출에 따른 것이었다. 6년동안 1,500억원 규모의 예산을 투입하여 2018년 개발한 '3D 라미레이션'은 스마트폰 화면 모서리를 둥

글게 만들고 터치까지 가능하게 하는 핵심 기술로 평가받았으나, 경쟁사에 기술이 유출됨으로써 경쟁우위를 상실할 위험에 쳐하게 된 것이다.

결과적으로 기업의 지적재산권과 기술의 획득행위는 치열한 생존경쟁에서 살아남기 위한 노력의 산물로 볼 수 있으며, 국경을 넘어선 획득의 과정에서 도덕적 가치는 상실해버리는 결과로 이어지게 된다.

## 5. 직원의 능력

직원의 능력은 기업이 가진 자산 중의 하나로 볼 수 있다. 경영권의 행사를 소수에 한정하더라도, 기업의 경영에서 생산설비와 공간, 시스템, 핵심기술과 지적재산권 획득에 이르기까지 직원의 능력이 발휘되어야만 한다. 기업은 계약을 통하여 직원과의 관계를 유지하며, 직원은 회사의 이익에 기여함으로써 그 의무를 다하고 권리를 찾을 수 있게 된다. 따라서 기업에 속한 직원의 능력 또한 회사가 소유한 것으로 볼 수 있는 것이다.

기업들에서는 인재유출을 경계하는 한편, 타회사의 우수한 인재를 영입하기 위한 경쟁을 진행하기도 한다. 전기 · 전자, 자동차, 정보통신 등 첨단분야와 전문분야 등에서 주로 영입경쟁을 벌이게 되며, 이 과정에서 경쟁력을 갖춘 개인은 많은 소득을 기대할 수도 있게 된다.

예컨대 한국이 첨단기술을 보유한 반도체나 조선업의 경우에는 외국 기업들의 인재유출 시도가 끊이질 않는다. 이것을 인재를 보유하고 있는 기업의 시각에서는 이들이 가진 능력이 곧 경쟁력임을 의미한다. 다만 이미 인재가 유출되었다는 가정 하에서 볼 때, 인재를 영입한 기업은 이들 능력에 관한 획득가능성을 두고 접근했다고 볼 수 있다. 비록 인재를 데려오기 위해 많은 비용이 들게 된다고 하더라도, 영입에 성공한 기업은 그 직원의 능력을 통하여 더 많은 성과를 기대하게 되는 것이다. 이에 비해 직원을 영입하기 위한 시도가 그 어떤 추가적인 비용이나 위험을 가져오지 않게 된다면, 기업 입장에서는 충분히 시도할 수 있는 것이 된다.

한편 스포츠업계에서는 선수를 영입할 때, 해당 구단에 이적료를 제시하게 된다. 유능한 선수에 대한 능력을 가져가게 되니 그에 대한 보상 차원이라고 볼 수 있을 것이다. 다만 자유계약선수 자격(FA: Free Agent)을 획득한 선수의 경우 구단사이의 이적료는 오가지 않게 된다. 이 경우 선수는 보다 많은 구단들을 선택지에 두고 계약을 진행할 수 있고, 구단들 역시 해당 선수의 능력을 보고 영입에 참여할 수 있게 되는 것이다. 이러한 스포츠업계 관행은 해당 선수의 능력에 관한 존중이며, 그에 따라 타구단이 선수의 능력을 사기 위해서는 이적료라는 추가비용을 부과하게 되는 것이라고 할 수 있다.

기업에서 또한 인재가 가진 능력을 존중하고 타사가 해당 인재의 능력이 필요하다고 판단된다면, 이에 관한 이적료를 부과함으로써 인재영입을 위한 추가비용의 부담을 줄 필요가 있을 것으로 보인다.

| 제5장 |

# 소유잠재성의 발현-개인

## 1. 개인의 소유범주

개인의 소유 문제는 과거 시기부터 그 순기능과 역기능으로 인하여 논쟁의 대상이 되어 왔다. 그리스의 철학자 플라톤-아리스토텔레스 논쟁으로부터 시작하여, 자연권적 관점에서의 소유권을 주장한 로크, 이에 대한 반론으로 사적 소유의 인정으로부터 발생하는 사회악의 부작용에 대하여 경고한 루소, 사적소유를 인정하는 것이 '최대다수의 최대행복'을 보장할 수 있다고 주장한 벤담, 인격이 발현형태인 노동을 통하여 사적 소유를 정당화하고 영토적&영민적 소유의 중복 문제를 제기한 헤겔, 부르주아 계급의 사적소유의 부작용을 폭로함으로써 공동체 전체의 공동소유를 대안으로 제시한 칼 맑스, 노동이 동반되지 않은 유증과 토지소유를 비판한 존 스튜어트 밀, 수동적 소유의 비기능적 재산증가가 창조적 에너지를 잠식한다고 주장한 토우니, 대재산 소유자가 행사하는 주권에 버금가는 권한을 비판한 코헨에 이르기까지의 논쟁은, 개인의 사적소유 인정이 가져오는 순기능과 역기능이 첨예한 대립에 따른 것이다.

특히 칼 맑스가 주장한 부르주아 계급의 생산수단에 관한 사적소유의 부작용은 사회주의 국가의 건립으로 현실화 되었다고 할 수 있다. 그러나 사회주의 국가체제 하에서의 개인의 사적소유에 관한 제한은 개개인의 노동의욕을 떨어뜨리고 생산성의 하락, 국가경제의 위기라는 결과를 가져오게 되었다. 사적 소유권의 순기능과 역기능에 관한 거대한 실험은 결과적으로 벤담이 주장한 '최대다수의 최대행복'을 추구하는 사적소유를 용인하는 방향을 향하게 되었다. 이에 따라 개인의 소유범주는 개인의 행복에 중점을 두고 인정하는 방향을 지향하고 있으며, 개개인은 국가체제 하에서의 법과 제도 범위 안에서의 사적소유권을 획득할 수 있게 된다.

우선 개인이 획득할 수 있는 소유의 범주 중 하나

로 국적을 꼽을 수 있다. 모든 개인들은 국적을 가지고 태어나게 되며, 국가마다 국민의 요건에 관한 약간의 차이는 존재하지만 크게 두 가지 요인이 개인의 국적을 정하게 된다. 한 가지는 부모의 국적에 관한 것이고, 또 다른 한 가지는 태어난 장소에 관한 것이다. 대부분의 경우 부모의 국적과 태어난 장소가 같은 경우이지만, 그것이 다를 경우에는 이중국적의 취득이 가능할 수도 있다.

둘째, 개인은 기업을 창업 또는 인수하는 방식으로 기업을 소유할 수 있다. 개개인, 또는 개인의 합으로 이뤄지는 단체나 조합이 소유한 기업활동은 경제에 활력을 불어넣을 수 있고, 또 혁신을 통한 발전에 기여하게 된다. 나아가서 기업활동을 통하여 개인은 기업 자체의 수익 확대와 동시에 기업가치 상승을 기대할 수 있게 되는 것으로 볼 수 있다.

셋째, 개인은 토지와 건물을 비롯한 부동산에 관한 소유가 인정된다. 노동이 담보되지 않은 소득이며 소유자가 행한 기여와 무관한 소유의 형태로서 부동산의 소유는 수동적이며 창조적 행위에 부정적으로 작용하는 비기능적 소유로 평가되는 부분이 존재한다. 다만 이러한 부분들은 개인이 부동산을 소유함으로써 추후 획득이 기대되는 부분과 국가적 차원에서 볼 때 소유잠재성이 충돌되는 부분을 조율하지 못한 결과물로 볼 수 있을 것이다.

넷째, 개인은 금융자산에 관한 소유가 인정된다. 국가가 공식적으로 발행하는 화폐와 채권, 주식, 펀드 등의 금융자산에 관한 소유가 인정되어진다고 할 수 있다. 각종 금융자산을 소유한 개인은 현재 금융자산이 미래의 같은 금융자산 가치보다 크다고 인식하고, 미래 시기에는 원금보다 큰 수익을 기대하게 된다. 즉 개인은 현재 금융자산보다 추가로 더 획득할 수 있을 것이라고 기대되는 양 만큼의 소유잠재성을 가진 것이 된다.

다섯째, 지적재산권은 앞서 국가나 기업에게 있어

서 매우 중요한 것으로 평가되어 지듯이, 개인에게도 매우 중요한 자산 중 하나로 볼 수 있다. 개인의 발명이나 창조활동은 사회의 발전을 가져오게 되는 만큼, 개인에게는 지적재산권 획득으로 인한 독점권의 발생을 통하여 기대되는 수익을 얻을 수 있게 된다. 즉 지적재산권 획득에 따라 획득할 수 있는 부의 소유잠재성은 개인에게 창조적 활동의 동기를 부여한다고 할 수 있게 된다.

여섯째, 개인은 부동산을 포함한 다양한 실물자산과 가상화폐 등을 소유한다. 개인에게 귀속된 다양한 실물자산은 개인에게 만족과 행복을 가져다줄 수 있게 된다고 할 수 있다. 예컨대 자가 차량을 소유한 개인은 그것을 통하여 이동에 있어서의 편의를 보장받을 수 있고, 또한 자가차량을 소유함으로 인해 타인보다 우월한 사회적 지위를 가졌다고 느낄 수도 있다. 가상화폐 또한 개인이 소유할 수 있는 자산 중의 하나이다. 블록체인 기술에 기반한 가상화폐는 그 등장이 화려하였으나 그 사용에 의문이 제기되어 지고 있으며, 국가가 인정하는 공식화된 자산으로서 지위를 획득하지 못했다는 것에 한계를 가지고 있다.

## 2. 국적

개인에게 부여되는 국적의 지위는 대부분의 경우 선천적으로 결정되어지게 된다. 부모의 국적에 따라 또는 태어난 국가에 따라 부여되는 국적은 한 개인이 행사할 수 있는 권리와 연관된다고 할 수 있다. 한 사람이 가진 국적은 그에게 국민으로서의 다양한 권리를 제공하게 되기 때문이다.

예컨대 한국 국적을 가진 개인은 2019년 기준으로 시간당 8,350의 임금을 지급받을 권리를 가지며, 국가건강보험에 가입되어 누구에게나 국가적 차원의 건강검진을 비롯한 의료서비스를 받을 수 있게 된다. 이외에도 선거에서의 피선거권 및 선거권을 가지며, 사회적 약자나 소수자를 대상으로 제공 되어지는 각종 복지혜택 또한 누릴 수 있게 된다.

이렇듯 한 나라가 개인에게 부여하는 국적의 지위는 그가 국민으로서 가질 수 있는 다양한 권리를 보장한다. 다만 개인은 다양한 이유로 또 다른 국적을 획득할 수도 있다. 그것은 정치적 자유, 경제적 이익, 자녀의 교육 등 다양한 동기 등에 따른 것이다.

우선 한 개인에게 정치적 자유가 보장되지 않는다면, 그는 다른 나라의 국적취득을 통하여 정치활동을 보장받을 수 있다. 그에게 정치적 자유가 보장되는 나라의 국적 취득은 정치적 자유에 관한 실현을 의미한다. 즉 개인에게 정치적 자유에 관한 획득의 욕구가 다른 나라 국적의 취득에 관한 행동으로 이어지게 되는 것이다. 주로 독재국가에서의 이뤄지는 정치적 탄압은 개인으로 하여금 체제를 이탈하게 하게 만들고 정치적 난민신청을 함으로써, 다른 나라의 국적을 획득하는 현상으로 나타나고 있다.

둘째, 경제적 이익실현을 위하여 다른 국적을 취득할 수 있다. 많은 나라들에서는 국가적 차원에서 투자를 통한 이민정책, 또는 일하면서 여행할 수 있는 기회 등을 제공한다. 개인에게 이와 같은 제안이 경제적 이익실현에 도움이 된다면 기꺼이 투자를 함으로써 국적을 획득하거나 또는 외국에서 일자리를 얻으면서 국적취득을 노려볼 수도 있다. 개인의 경제적 이익실현 욕구가 다른 나라의 국적취득의 행동으로 이어지게 되는 것이다. 예컨대 한국인이 베트남에 투자를 하고 국적을 취득하여 사업을 시작할 경우에 인건비를 절감할 수 있는 유인이 생기게 되고, 반대로 베트남인이 한국 국적을 취득하고 한국에서 일을 하게 되면 보다 많은 임금을 기대하게 되는 것을 의미한다.

셋째, 교육 목적으로 국적을 취득할 수도 있다. 예컨대 부모가 미국에서의 원정출산을 진행하여 자녀가 미국국적을 취득하게 되면, 자녀는 아무런 제한 없이 미국에서 교육서비스를 받을 수 있게 되는 권리를 가질 수 있게 된다. 이 경우 자녀는 어려서부터 자연스럽게 영어를 접할 기회가 생겨나고 원어민 수준의 영어구사 능력을 가지게 될 가능성이 높아진다고 할 수 있다.

다만 교육 목적으로 취득한 국적이 병역 등의 문제로 문제가 발생하기도 한다. 한국의 유명 가수였던 유승준(Steve Yoo)의 경우, 한국에서의 가수활동을 하다가 군입대를 앞두고 한국국적을 포기함으로써 많은 비판과 비난을 감수해야 했으며, 현재까지 한국으로의 입국이 정지된 상태이다. 한 개인에게 국적이 여러 개라는 것은 누릴 수 있는 권리의 크기만큼이나, 그 의무의 크기 또한 크다고 할 수 있는 것이다.

## 3. 기업

개인은 또한 누구나 기업가가 될 수 있고 기업을 소유할 수 있는 행위자로서 존재한다. 자본주의 경제에서 주인공과 같은 기업가는 창의적 활동을 통하여 혁신을 이뤄내는 존재인 동시에, 슘페터의 표현을 빌리자면, 기업가는 "자신만의 왕국, 한 가업을 건설하고 싶은 꿈과 의지"를 가진 사람이다. 즉 기업가 정신은 그의 창조적 에너지와 재능을 발휘하는 동기로써, 현재보다 더욱 가치 있는 기업으로 키워내고자 하는 의지, 즉 미래 기업 가치의 상승에 따른 소유잠재성에 따른 것으로 제시할 수 있을 것이다.

둘째, 창업자의 기업가정신 계승과 소유의 관점에서 볼 수 있다. 인간은 유한한 존재이므로, 기업에서는 창업자의 나이, 건강상태 등에 따라 경영을 잘 이어나갈 수 있는 후계자가 정해지기 마련이다. 전문경영인을 통하여 경영을 맡겨지는 경우도 있으나, 창업자 바로 다음 세대로 이어지는 경우에서는 이례적으로 나타나는 현상으로 볼 수 있을 것이다. 개인이 가진 욕구, 더 많은 것을 획득하고자 하는 소유잠재성에는 자녀세대에 대한 배려가 숨어있기 때문이다. 기업 지분이 창업자에게 모두 귀속된 경우에 특징적으로 나타나는 현상으로써, 창업자의 자녀는 대체로 기업을 소유할 가능성이 가장 높은 대상이 된다. 물론 모든 상황은 변화할 수 있는 가능성이 있고, 또 국가마다 상이한 상속에 관한 제도에 따라서 자녀의 소유잠재성은 달라질 수 있다. 그럼에도 창업자의 기업가 정신 계승이라는 점과 그것을 가장 잘 구현하고, 또 창업자가 바라는 형태는 자녀가 기업을 소유하고 발전시켜 나가는 모습이란 점이란 것이다.

셋째, 모든 개인은 기업의 주주형태로 기업을 소유할 수 있게 된다. 현대 사회에서 기업들은 자금조달 등을 목적으로 주식을 발행하고 있으며, 이 주식을 소유한 사람들은 주주의 지위에 오르게 된다. 모든 개인에게 기업가로서의 자질이 주어지는 것이 아니므로, 기업의 주식에 투자함으로써 개인은 기업의 지분을 소유할 수 있게 되는 것이다. 이때 주주는 주주총회를 통하여 회사의 주요 경영상황을 보고받고, 자신이 가진 지분에 해당하는 결정권을 행사할 수 있게 된다. 예컨대 창업자의 기업가정신을 잘 계승하고 기업을 지속적으로 발전시켜나갈 수 있는 대상으로 그 자녀가 후계자로서 지위를 획득하고자 할 때, 주주는 그가 충분한 자격이 있는지 판단하고 의사를 표현할 수 있는 권리가 주어지게 되는 것을 의미한다.

## 4. 부동산

부동산은 개인이 소유하는 대표적 실물자산의 하나로서 토지와 아파트, 상가 등의 건축물을 포괄하게 된다. 무엇보다 실물자산 중에서 감가삼각이 발생하지 않고, 개발에 따른 투기자본 유입 등으로 가치상승이 기대된다는 점에서 매력적인 투자대상의 하나로 각광을 받고 있다.

일반적으로 부동산은 특정 국가의 주권 하에 있게 되므로, 개인의 부동산 소유에 관한 인정은 해당 국가가 지닌 합법적인 공적폭력에 의하여 이뤄지게 된다. 국가에서 행사할 수 있는 공적폭력은 해당 부동산에 관한 증서를 만들어 개인에게 소유하게 하고, 누군가가 그의 권리를 침해하게 되었을 때 행사되어질 수 있다. 다만 개인이 소유한 부동산은 특정 국가의 영토 안에 있게 되므로 헤겔이 주장한 영주(국가)와 영민의 소유에 관한 중첩성이 발생되어진다.

즉 개인이 소유한 부동산에 관한 독점적이고 배타적이며 자유로운 권리의 행사는 국가의 영토라는 또 다른 소유권의 중첩이 발생하게 되므로, 국가가 제정한 법률과 제도의 범위 안에서 행사되어질 수 있는 것이다.

토지의 경우 지목, 또는 용도에 따라서 분류되어지며, 해당하는 지목 또는 용도의 사용목적에 따라 토지를 이용할 수 있는 범위가 결정 된다. 한국의 경우 지목을 논, 밭, 과수원, 임야, 공장용지, 도로, 공원 등으로 28개로 구분하고 있으며, 용도에 따라서는 크게 도시지역, 관리지역, 농림지역, 자연환경 보전지역 4가지 분류로, 세분화하여 21개로 구분한다. 따라서 토지를 소유하고 있는 주인이라고 하더라도, 기존에 분류되어 있던 토지의 지목, 용도와 다른 사용을 위해서는 반드시 그에 맞도록 지목 및 용도 변경이 선행되어야 한다. 예를 들어 도시지역의 주거지, 상업지, 공업지, 보존녹지의 건폐율과 용적율은 각각 상이하며, 각 용도에 따라 토지의 가치도 결정되어지게 되는 것이다. 이때 아파트 건설은 주거지에, 상가 등 상업건물은 상업지역에 건설되며, 규정된 건폐율과 용적율에 맞게 추진된다고 할 수 있다.

토지의 지목 · 용도 변경을 위해서는 해당 행정절

차를 진행할 수 있는데, 대체로 농림지역보다 도시지역이, 주거지보다 상업지의 지가가 높게 형성되어지게 된다. 따라서 지목 · 용도변경을 통하여 지가의 상승분 만큼의 이익 취득이 가능하게 되는 만큼, 국가에서는 개인의 용도변경 요청에 신중하게 접근하게 된다. 정부의 지목 · 용도변경이 특정 개인이나 집단에 관한 특혜시비로 이어질 수 있기 때문이다. 정리하면 토지에 관한 지목 · 용도변경 신청은 개인이 용도에 맞는 사업에 따른 이익, 지가상승에 따른 이익 만큼의 소유잠재성에 의한 것으로 볼 수 있게 된다.

한편 개인은 투자 목적으로 상업건물, 아파트 등을 구입하며, 그에 따른 임대수입, 가격상승에 따른 이익을 기대하게 된다. 평화체제 시기 대표적 실물 안전자산으로 평가되어지는 흐름 속에 도시지역의 부동산은 지속적인 상승흐름을 보이고 있는 것이다. 도시지역이 가지는 근접성과 집적효과는 도시에 거주하고자 하는 개개인의 욕구를 자극하고, 건전한 투자를 넘어서서 이른바 투기로까지 이어지는 흐름을 지속하는 중이다.

한국의 경우 수도 서울과 타지역의 아파트, 상업건물 등의 가격 차이가 점점 커지는 추세에 있으며, 이러한 차이는 수도 서울 지역에 거주함으로 인해 얻게 되는 가치의 크기에 따른 것이다. 대표적으로 서울지역 그 중에서도 강남 · 서초 지역의 강남8학군 학교의 대학입시 성과는 타지역을 압도한다고 할 수 있다. 나아가서 이 지역에 위치한 학원들은 전국 최고수준의 교육서비스를 제공함으로써, 강남에 거주한다는 것은 타지역에 비해 대합입시에서 유리한 환경에 있다는 것을 의미한다. 이외에도 편리한 지하철-버스시스템, 영화관 · 복합쇼핑몰 등 근접성, 질좋은 의료서비스 등을 기대할 수 있게 된다는 점에서, 대한민국 수도 서울에 거주하는 것은 꽤나 많은 권리를 획득할 수 있게 된다는 것을 의미한다. 즉, 서울의 부동산 상승은 서울이란 지역이 가져다줄 수 있는 많은 권리들에 관한 소유잠재성에 따른 것이라고 볼 수 있는 것이다.

## 5. 금융자산

개인의 금융자산은 실물자산과 대치되는 자산을 일컫는다. 예금, 신탁, 채권, 주식 등 실물이 없으나, 비교적 자산의 가치에 대한 수치화가 가능하다. 다만 금융자산의 특성상 누군가에게 부가 되지만 또 다른 사람에게는 부채로 되는 구조이므로, 전체적 부의 확대로 이어지지는 못한다는 특성을 가지게 된다고 할 수 있다.

안전성에 따라서는 예금이나 채권 등을 안전금융자산으로, 직간접적으로 보유하고 있는 주식 및 투자신탁상품 등을 위험금융자산으로 구분할 수 있다. 대체로 안전성을 보장받는 예금이나 채권은 미래 특정 시점에서 이자 이율이 얼마나 되고, 그 중에서 세금의 비율을 제한 이자소득의 총량에 관한 획득을 예상할 수 있다. 다만 만기가 도래하기 전에 기대되는 수익에 훨씬 못 미치는 금액의 예금을 찾거나 채권을 도중에 매각하는 것이 가능하게 된다.

위험금융자산으로 분류되는 주식 및 투자신탁상품의 경우, 미래 시점에서의 수익을 예상하기 어려운 자산으로 분류된다. 안전금융자산은 원금이 보장되는 대신 확실한 수익을 예상할 수 있으나, 위험금융자산은 보다 많은 수익을 기대하는 대신 원금이 보장되지 않게 된다. 따라서 희박한 확률이지만 현재 소유한 액면가치의 몇 배가 되는 수익을 획득할 가능성도 존재하지만, 그 반대의 경우도 존재할 수 있게 된다는 것이다.

마지막으로 금융자산은 화폐를 기반으로 하게 되며 외국화폐에 투자할 경우에는 환율에 영향을 받는다. 개인이 자국의 화폐를 기축통화인 달러로 환전하여 가지고 있다고 했을 때, 달러 가치의 변동에 따라 금융자산의 변동이 발생한다. 나아가서 외국 채권, 주식, 예금 등 투신상품에 투자한 경우에도 이와 같은 현상은 동일하게 적용된다고 할 수 있다. 따라서 외국인이 투자를 결정할 때, 환율에 따른 손익과 해당 금융상품이 가져다줄 손익, 그리고 외국인이 투자할 때 부과 되어지는 수수료에 따른 손실을 종합적으로 고려하여 투자를 결정하게 된다.

## 6. 지적재산권

지적재산권(intellectual property right) 또한 개인에게 매우 중요한 자산 중의 하나로 평가할 수 있다. 특허권, 실용신안권, 상표권, 저작권, 디자인권 등을 일컫는 지적재산권의 소유는 일정 기간 개발자에 대한 독점적 권리를 제공하기 때문이다. 만약 다른 기업이나 개인이 해당 지적재산권을 사용하고자 한다면 일정한 비용을 지불해야만 한다.

따라서 개인의 지적재산권 획득이라는 사실은 법적 · 제도적으로 보장하는 일정 기간 안에서 미래의 어느 시점에서는 불특정 수입을 안겨줄지도 모른다. 그가 직접 지적재산권을 활용한 사업을 하거나, 누군가 지적재산권 사용에 대하여 지불을 하는 행위 등으로 수익을 얻게 될 것이기 때문이다. 이러한 이유로 개인들은 발명, 연구, 집필, 작사 · 작곡 등 행위를 통해 지적재산권를 획득하기 위한 노력을 진행하게 된다.

특허권(Patent Right)의 경우 신규성, 진보성, 이용가능성 등 몇 가지 요건을 갖춰야 등록될 수 고, 각종 개시요건이 충족되면 권리로서 등록할 수 있게 된다. 이후 특허권이 부여되면 일정기간동안 특허권자를 제외한 다른 사람이 동의 없이는 특허발명을 생산, 사용, 양도, 수입 및 대여 등의 행위가 금지되고, 이와 같은 행위가 있을 때에 특허권자는 행위자를 상대로 특허권 침해를 원인으로 한 민 · 형사상 소송의 제기를 할 수 있게 된다.

실용신안권(Utility Model Right)은 산업상 이용할 가능성이 있는 물품의 형상, 구조 또는 조합한 것 등에 관한 구체적인 기술적 목적과 기술적 구성 및 기술적 효과에 의하여 체계적으로 형성된 신규성 있는 기술적 사상의 창작인 무형의 고안을 보호의 객체로 하는 권리를 의미한다. 여기서 물품은 거래의 대상으로 되어 운반가능한 것이고 물품의 형상은 물품의 외관적 형태를 의미하고 입체적인 것과 평면적인 것도 포함된다고 할 수 있다. 특허권과 마찬가지로 산업상 이용성, 신규성, 진보성이 있음을 요하게 되며, 물품과 형상, 구조 또는 조합에 관한 고안 범주에 국한된 것을 실용신안으로 인정한다.

상표권(Trade Mark Rights)은 생산 · 제조 · 가공 또는 판매업자가 자기 상품을 다른 업자의 상품과 식별시키기 위하여 사용하는 기호 · 문자 · 도형 또는 그 결합에 관한 상표에 관한 관리를 의미한다. 상표권은 지정상품에 대하여 등록상표를 사용하는 것인데, 그

외에 상표권은 특허권 등과 같이 담보에 제공될 수 있다. 또한 지정상품 영업과 함께 이전할 수도 있으며, 설정등록에 의하여 발생하고 그 존속기간은 설정등록일 로부터 10년으로 갱신등록의 출원에 의해 10년마다 갱신할 수 있다.

저작권(Copyright)은 창작자가 문학 · 학술 또는 예술의 범위에 속하는 창작에 의하여 그 창작물에 대하여 창작자가 취득하는 권리를 의미한다. 이러한 저작물에는 소설 · 시 · 논문 · 강연 · 연술(演述) · 각본 · 음악 · 연극 · 무용 · 회화 · 서예 · 도안(圖案) · 조각 · 공예 · 건축물 · 사진 · 영상(映像) · 도형(圖形) · 컴퓨터프로그램 등을 포괄하며, 원저작물을 번역 · 편곡 · 변형 · 각색 · 영상제작 등의 방법으로 작성한 2차적 저작물과 그 소재의 선택 또는 배열이 있는 창작성이 있는 것도 범주에 포함시킨다. 기타 다른 지적재산권과 차이점이 있다면, 저작권은 저작한 때로부터 자동으로 발생하는 권리라는 점이다. 등록을 한다든지 어떤 절차나 방식의 이행이 필요하지 않는 무방식주의에 의해 권리가 발생되며, 저작자의 생존기간과 사망 후 70년간 효력이 유지된다.

디자인권(Design Right)은 물품의 형상 · 모양 · 색체 또는 이들을 결합한 디자인을 창작한 창작자의 권리에 해당하는 권리이다. 창작자에게 일정기간 독점적 · 배타적 권리를 부여함으로써 창작의욕을 자극한다는 점에서 앞선 다른 지적재산권과 공통점을 가지게 된다. 여기서 디자인은 물품을 전제로 하며, 형상을 지닌 것으로 시각을 통하여, 즉 육안으로 식별할 수 있으며, 미감을 일으키게 하는 것으로써, 신규성 · 이용성 · 진보성의 성격을 가져야 한다.

결과적으로 개인이 취득할 수 있는 지식재산권은 법적 · 제도적으로 인정되는 기간동안 개인에게 독점적 · 배타적 권리가 제공되며, 해당하는 지식재산권의 전체 또는 부분을 양도, 사용할 수 있다고 할 수 있다. 다만 개인의 지식재산권 권리행사가 공공성을 목적으로 이용하는 경우에는 제한을 받게 된다는 특징을 가진다.

## 7. 기타

개인이 소유할 수 있는 범주로는 앞서 제시한 부동산 이외에도, 자가차량, 골동품, 우표, 금, 기념주화 등의 실물자산, 그리고 무형의 지식, 콘텐츠 등을 들 수 있다. 형체가 있는 자산을 의미하는 실물자산은 부동산, 금(Gold) 등을 제외하면, 그 가치를 쉽게 측정하기란 쉽지 않다는 특징을 가지게 된다. 따라서 부동산, 금(Gold) 등 미래의 가치상승에 대한 소유잠재성을 자극하는 경우를 제외하면, 개인 실물자산의 소유동기는 개인수집의 욕구, 또는 실사용 목적에 의한 것이라고 할 수 있다. 예를 들어서 감가삼각이 발생하는 실물자산 중에서, 자가 차량을 구입하는 개인은 출퇴근이나 여가 등 대체로 실사용을 목적으로 구입하는 경우가 많다. 고가 브랜드차량을 구입함으로써 타인보다 우월한 사회적 지위나 경제적 여유를 나타내는 상징적 존재가 될 수도 있다. 또는 단지 다양한 차량을 수집하는 것이 목적인 경우도 있을 수 있다. 특정 물품에 대한 개인의 소유 욕구는 차량, 전자기기, 우표, 기념주화 등 다양한 형태로 현실에서 발현 된다.

둘째, 무형의 지식, 컨텐츠 등도 개인이 일정금액을 지불하고 소유할 수 있는 대상이 된다. 예컨대 저작권이 있는 학술 논문의 경우 유료로 구입하여 개인의 지적호기심을 충족시킬 수 있다. 음악, 영화, 드라마, 게임 등 컨텐츠 등도 일정 금액을 지불하면 개인이 소유할 수도 있다. 이 경우에도 실사용의 목적, 또는 단지 개인의 수집에 관한 욕구로 인하여 구입을 하게 된다.

셋째, 블록체인 기술에 근거한 비트코인(Bit coin) 등 가상화폐도 이미 개인들이 소유할 수 있는 영역 안으로, 투자의 대상이 되고 있다. 가상화폐는 공인된 권력으로 국가가 아니라, 민간에서 발행하는 형체가 없는 가상의 화폐를 일컫는다. 국가의 발행화폐가 교환가치를 가지는 것과는 다르게, 가상화폐는 발행되었다고 하여 바로 교환가치를 가진다고 볼 수 없다. 비트코인의 경우에는 예외적으로 실제 시장에서 통용됨으로써 교환가치를 가지게 되었으니, 지구상 최고의 버블(Bubble)을 기록하는 명예를 얻게 되었다. 그러나 대부분의 가상화폐는 교환가치를 가지지 못하고, 대체로 소유의 동기는 현재 투자한 금액에 대한 더 많은 획득가능성을 의미하는 소유잠재성에만 의존하게 된다고 볼 수 있다.

넷째, 개인은 자기발전을 위한 투자를 통하여 아름다운 외모, 자신만의 개성, 균형잡힌 체형 등을 소유할 수 있다. 과거로부터 아름다워지기 위한 인간의 욕구는 성형수술의 발전을 가져오게 되었고, 많은 사람들이 아름다움을 위한 수술을 마다하지 않는 시대가 되었다. 이에 사람들은 수술의 부작용이 가져다 줄 손실

보다 보다 향상된 외모가 가져다 줄 이익의 크기가 크다고 생각할 때 성형수술을 선택하게 된다고 할 수 있다. 뿐만 아니라 자신의 개성을 갖추기 위해서 미용, 문신 · 타투, 손톱 네일 등을 위해 기꺼이 비용을 지불하거나, 균형잡힌 체형을 소유하기 위하여 헬스 트레이닝 서비스를 선택하게 된다.

| 제6장 |

# 교환가치와 소유잠재성

인류의 역사가 지속되어 오면서 적지 않은 교환가치가 발생하여 오고 있다. 대표적 교환가치 화폐는 해당 재화의 객관적인 척도가 되어 우리 생활 깊숙이 영향을 주고 있다고 할 수 있다. 한편 전통적인 화폐뿐만 아니라 다양한 교환가치들이 등장하여 우리 생활에 많은 영향을 주고 있다. 최근 시기 센세이션(sensation)을 불러일으킨 가상화폐를 비롯하여 우리 생활에 영향을 주는 교환가치를 살펴보는 것은 인간 개인과 개인들의 집합을 통해 발현되는 소유잠재성을 확인하는 계기가 된다.

## 1. 가상화폐

### 1) 가상화폐의 등장

블록체인 기술에 근거한 가상화폐의 탄생은 각국 정부의 권위를 상징하는 기존 화폐경제에 관한 도전

〈그림 1〉 최초의 가상화폐 비트코인

출처: 중앙일보, [틴틴경제] 비트코인이 뭔가요

이자, 화폐 분야에서 권위주의적 질서에 관한 민주화를 의미하는 것으로 볼 수 있을 것이다. 기존의 질서를 뒤엎을 만한 대단한 발견으로 여겨지는 블록체인 기술에 근거한 가상화폐는 많은 사람들을 열광시키기에 충분한 것이었다. 급기야 인류역사상 가상화폐를 대상으로 최대 규모의 유휴자금이 유입되었다. 그것은 곧 가상화폐의 가치 상승을 의미하는 것으로써, 사람들이 가상화폐를 통하여 수익을 낼 수 있을 것이라는 욕구를 자극한 것으로 볼 수 있다. 즉 더 많은 소유를 지향하는 인간의 욕구, 소유잠재성의 발현으로 나타나게 된 것이다.

그러나 동시에 여기에는 소유의 획득가능성 뿐만 아니라 상실가능성도 포함된다. 누군가 가상화폐를 일정한 가치에 획득한 순간 누군가는 그 가상화폐를 매각하면서 이익, 또는 손실을 경험할 수 있다. 그가 최초 획득한 가치보다 높은 가치를 받고 판매가 이뤄졌다면 그는 이익을, 그보다 낮은 가치를 받게 된다면 손실이 발생하게 된다.

한편 여기서 블록체인 기술에 근거한 가상화폐는 국가의 주권이 미치지 않는 영역이다. 그 가상화폐 라는 존재는 국가의 공인된 권력에 의하여 인정된 산물이 아니라, 누군가에 의하여 새로운 기술에 의하여 등장한 공인되지 않은 화폐 인듯 화폐 아닌 화폐 같은 것에 불과하다. 가상화폐를 만든 사람은 블록체인 이라는 새로운 혁신적 기술을 활용하기는 하였으나, 그는 결코 공인된 권한을 가지지 못하였으며 각국 정부에서 그 권한을 부여하지도 않았다. 그러므로 각국 정부는 공인되지 않은 소유의 산물인 가상화폐에 공인된 권력을 활용하여 보호할 필요가 존재하지 않게 된다. 무형의 소유 형태로 존재하는 가상화폐를 소유하는 순간, 국가의 공인된 보호를 보호받을 수 없게 되는 것이다.

물론 이것이 의미하는 것이 중앙집중적, 권위주의적, 독점적 중앙정부의 권한 행사로써, 시대의 흐름과 역행한다는 지적이 제기될 수 있다. 블록체인 기술에 기반한 가상화폐는 실물화폐에 비하여 분산주의적, 민주주의적 방식으로 운영되므로, 우리가 이른바 선(善)에 가깝다고 생각하는 가치에 보다 근접했다는 생각을 할 수도 있다. 그리고 가상화폐가 사람들의 소유 잠재성을 자극하여 만들어낸 결과는 어마어마한 실물화폐 자금의 유입으로 나타나게 되었다. 각국의 유휴화폐자금이 가상화폐로 유입되었고, 다수의 사람들은 불특정 시점에서의 정확히 알 수 없는 더 많은 소유의 획득 가능성을 기대하고 있었다. 그 행동에 대한 결과가 어떻게 될지는 모르겠으나, 각자의 몫으로 돌아간다는 사실은 분명하다.

정리하자면 현재의 가상화폐 라는 것은 공인된 권력에 의한 보호를 받지 못한 무형의 소유의 형태를 가진 것에 불과하다는 것이다. 공인되지 못한 소유, 법과 제도의 테두리를 벗어난 것이 될 수 있다는 점이다. 각국 정부는 태생적으로 공인될 수 없는 가상화폐의 존재를 주권이 보호할 영역으로 보호해야 할 필요성을 느끼지 못하기 때문이다.

그럼에도 불구하고 '소유'를 대상으로 하는 소유잠재성의 발현은 반드시 주권적인 보호를 받는 것에만 국한되는 것은 아니다. 그것은 다양한 방식으로 우리의 생활에 이미 스며들어 있으며, 우리는 이미 그로 인한 다양한 행동을 취하게 된다는 사실을 알 수 있게 될 것이다.

## 2) 다양한 종류의 가상화폐 출현

화폐는 '교환가치'라는 수단으로서 기능을 할 때 그 의미를 부여할 수 있을 것이다. 각국에서 발행하는 화폐마다 그 가치를 환율로 측정하게 되는데 안정성이 높은 화폐일수록 그 가치는 높게 평가되어진다. 예를 들어 북한에서 발행하는 원화는 그 가치가 남한의 원화보다 낮게 책정되어 지는데, 그것은 북한 당국에서 잦은 화폐개혁을 실시하게 되면서 신뢰도가 낮은 화폐로 인식 되어지기 때문이다.

가상화폐를 발행하는 주체는 공인된 권력으로서 국가가 아니라 민간이므로, 발행하는 즉시 교환가치가 부여되지 않는다. 가상화폐의 원조로 볼 수 있는 비트코인의 경우 교환가치가 부여될 수 있었으나, 그 이외 얼마나 많은 가상화폐들에 과연 교환가치가 부여될지는 의문이다. 즉 민간 주도의 지나친 가상화폐 발행이 이뤄지고 있는 작금의 현실이 가져다주는 가장 큰 의문은, 그 존재를 과연 가상화폐로 규정할 수 있는가에 대한 부분이다.

민간이 소위 '가상화폐'라고 발행되어지고 있는 그것은 인간의 미래 욕구, 즉 현재 투자한 금액에 대한 더 많은 획득을 의미하는 소유잠재성을 자극하는 것이다. 그리고 그것은 사람들의 유휴자금을 블랙홀처럼 빨아들이고 있다. 그리고 메신저업체 텔레그램과 코닥을 비롯한 많은 기업들의 ICO(Initial Coin Offering)를 통하여 자금을 조달하는데 성공했다는 뉴스는, 이 존재가 얼마나 강력히 소유잠재성을 자극하는 행위인지 짐작할 만하다.

여기서 우리가 주목해야 할 점은 화폐로서의 기능 여부라고 할 수 있다. 민간의 기업, 또는 기관이 새로운 가상화폐 라는 것을 발행하였지만 교환가치가 저절로 부여되는 것은 아니다. 비트코인은 혁신적 기술로 평가되어지는 블록체인에 근거한 최초 가상화폐라는 '상징성'이 화폐로서의 기능에도 생명을 불어넣었지만, 대부분의 가상화폐 라고 발행되는 것은 그것을 통하여 물건을 사거나 서비스를 이용하는데 불가능하다고 볼 수 있다.

그렇다면 과연 그것을 가상화폐라고 할 수 있는가? 따라서 민간이 발행하는 소위 '가상화폐'라고 불리워지는 것의 옥석을 가리기 위해서는 그것을 발행할 때 교환가치를 부여할 만한 지위를 가지는가에 집중할 필요가 있다. 예를 들어서 우리 나라의 삼성 또는 LG그룹이 현재의 Samsung Pay, LG Pay 플랫폼을 활용하여 가상화폐를 발행한다고 가정해보자. 그렇다면 이 가상화폐를 가지고 활용할 수 있는 권한의 범위는 삼성이나 LG 계열사에서 판매하거나 서비스를 제공하는 분야에서 사용이 가능할 수 있다. 예컨대 삼성의 경우 Galaxy 휴대전화를 비롯한 다양한 종류의 가전제품, 신라면세점, 신세계백화점, 이마트 등 다양한 분야에서 이용을 가능하게 할 수 있을 것으로 보인다. LG 또한 관련 계열사로 분류되는 GS칼텍스에서 차량에 주유가 가능할 수 있고, GS25 편의점이나 GS슈퍼

마켓에서 필요한 상품을 구매하는 것이 가능할 수 있다. LG전자와 디스플레이에서 생산되어 나오는 다양한 'G' 계열이나 'V' 계열의 휴대전화, 노트북을 비롯한 가전제품의 구매가 가능할 수 있게 된다. 위와 같이 가상화폐를 발행한 주체가 마땅히 교환가치를 제공할 수 있는 능력이 되는가 하는 것은, 가상화폐 로서의 지위와 가치에 영향을 줄 것으로 보인다.

다만 발행한 주체가 '가상화폐'를 발행하여 놓고, 그것의 소유자에게 그 어떤 교환가치를 가지지 못한다면 가상화폐로서 과연 의미를 부여할 수 있는가? 그것은 화폐로서 기능을 가지지 못하고 따라서 그에 대한 의미 부여가 불가능 하므로, 가상화폐라는 지위를 부여하는 것에 대한 고찰이 필요할 것으로 보인다.

## 2. 포인트(Point)

현대 사회에서 화폐는 공적인 교환가치로서 의미를 부여할 수 있다. 공적 폭력에 의한 소유의 인정은 화폐를 매개로 하여 그 가치가 측정된다는 것을 의미한다. 그리고 특정 화폐는 환율을 통하여 그 가치를 비교하게 되고,(현재는 달러를 중심으로 하여 그 가치를 측정하고 있다.) 각 국가별로 해당하는 재화나 서비스, 임금, 부동산 등을 기준으로 물가를 산출해낼 수 있고, 생활수준을 비교하는 것도 가능하게 된다. 그것은 법률적으로 공인된 권력에 의해 보호 되어지며 절대적 가치를 부여받게 됨을 의미한다. 때로 이렇게 부여된 절대적 가치는 부패 등 여러 가지 문제들로 이어지게 되면서, 화폐는 부도덕의 상징으로 여겨지기도 한다. 한편 현대사회에 획득가능한 것으로 우리 삶에 영향을 주고 있는 포인트를 포함한 교환가치 등은 어떤 의미를 가지고 있는지에 대한 고찰의 필요가 있어 보인다.

무엇보다 점수나 값 등을 의미하는 포인트(Point)는 우리 생활 깊숙이 스며 들어있는 부분으로, 구매를 결정할 때 하나의 영향을 주는 요인으로 된다. 포인트의 지급이나 적립의 담당자는 기업이 될 수도 있고, 정부가 직접 포인트를 제공하는 경우도 있다고 할 수 있다. 포인트의 제공, 적립의 순간 제공하는 자와 제공받는 자 사이에는 약속이 전제되게 된다. 포인트를 제공하는 자는 제공받는 자에게 포인트 수치에 상응하는 대가를 지불해야 하는 의무가 생기게 된다. 그 대가의 의무는 포인트를 제공하는 자가 정하게 되며 그에 대한 적립률이나 소멸기한 또한 포인트 제공자의 선택에 달려있게 된다.

### 1) 국세청의 세금포인트 제도

대한민국 국세청에서는 2004년부터 성실 납세자들이 세금납부에 대한 긍지를 가질 수 있도록 세금포인트 제도를 도입하여 운영하고 있다. 2000년 이후 납부한 소득세액 10만원 당 자진납부세액에는 1점, 고지납부세액에는 0.3점을 부여하는 식이다. 포인트 적립대상자는 개인사업자, 원천징수세액이 있는 급여생활자 등을 포함한 모든 개인납세자가 대상이 되며, 종합소득세, 양도소득세, 원천징수 되는 근로 · 퇴직 · 사업 · 기타소득세 등 소득세의 납부세액(환급세액 차감)에 대하여 매년 1회 포인트가 부여된다. 적립된 세금포인트는 국세청 홈페이지인 홈택스(www.hometax.go.kr)나 모바일 애플리케이션, 가까운 세무서 민원실에서 확인이 가능하다. 도입 초기 포인트의 사용기준은 개인의 경우 50점 이상, 법인사업자의 경우 1000점 이상이 되어야 사용이 가능하였다. 이후 2018년 3월부터는 개인은 1점 이상, 법인사업자는 500점 이상이면 사용이 가능하게 된다. 포인트의 사용방식은 포인트 1점당 납부기한을 하루 연장해주는 것으로써 최대 90일까지 세금의 납부연장을 신청할 수 있다. 예를 들어 세금포인트 90점이 있을 경우 아무런 조건 없이 세금을 90일

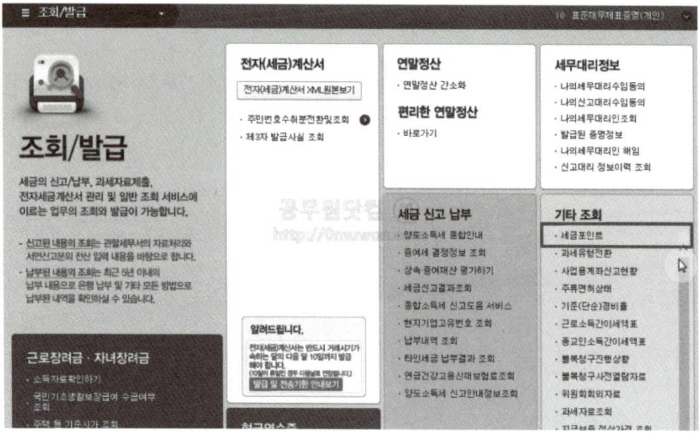


〈그림 2〉 국세청 홈페이지의 세금포인트 조회가능 화면

미뤄서 납부할 수 있게 되는 것을 의미한다.

나아가서 2011년부터는 신용카드 포인트 국세납부제를 실시하고 있다. 신용카드 포인트로 납부할 수 있는 세금은 부가가치세, 양도소득세 등 모든 국세 세목에 대해 적용되며, 최대 한도는 인터넷 신용카드 납부 한도와 같은 500만원 한도이다. 포인트를 활용한 세금 납부 진행은 금융결제원의 국세 신용카드 납부 전용 사이트인 카드로택스에 들어가 신용카드 별로 포인트를 확인한 뒤 결제하면 포인트가 해당 금액만큼 자동적으로 차감되는 방식이다.

### 2) 카드사의 포인트 적립

카드 포인트 적립은 카드회사가 고객이 사용한 금액의 일정 비율을 포인트로 적립해주는 제도로 대부분의 신용카드 회사가 제공하는 서비스라고 할 수 있다. 이때 고객과 카드사와의 계약관계가 설정됨은 물론이다.

카드사는 알려진 바와 같이 가맹점들에게 고객이 사용한 금액의 일정 비율을 가맹점포로부터 얻는 수수료를 수익으로 얻고 있다. 다만 국가별로 가맹점과의 수수료 및 포인트 적립의 구조는 다르게 설정된다.

박우진(2016)에 따르면, 미국의 경우 가맹점 수수료는 시장에서 자유롭게 결정되며 결정과정을 공개하지 않는 것을 원칙으로 한다. 다만 반독점법(anti-trust law) 위반 혐의가 있는 경우에만 법무부가 해당 카드사를 대상으로 법원에 제소하고 판결에 의하여 결정될 수 있다. 반면 일본의 경우 가맹점 수수료는 여섯 가지 요인에 의해 결정된다. 이는 다음과 같은데 ① 업종별, 업체별 고유한 여러 가지 요인, ② 업종이익률, 매출액, ③ 리스크 부담(위조카드 발생확률, 매출대금 부도위험, 채권회수 관련 등), ④ 가맹점 대금지급 기간(대금지급 기간이 길수록 낮은 수수료율), ⑤ 판매상품의 매출단가(카드 매출 1건당 처리비용이 동일하므로 단가가 높을수록 낮은 수수료율 적용), ⑥ 가맹점의 사회적 지명도 및 광고효과(사회적 지명도 및 광고효과가 높을수록 낮은 수수료율)이다. 위의 원칙 하에 카드사-가맹점 간 수수료 계약이 정당하게 진행되었을 경우, 개별 계약건에 관한 금융청이나 소비자단체 등 3자가 개입할 수는 없다.

한국개발연구원(2012)에 따르면 한국 또한 일본의 사례와 같이 카드사-가맹점 관련 제도를 유지하고 있다. 우선 소득세법에서 신용카드 가맹을 행정지도할 수 있도록 신용카드 의무가맹제도를 시행하고, 신용카드를 통한 거래의 거부를 금지하여 의무수납을 제도적으로 유지하고 있다. 여신금융법에서는 가맹점이 신용카드 거래를 거절하거나 가격을 차별하는 것을 금지하여, 가맹점이 특정 지불수단(현금)을 유도하는 것을 사실상 금지하고 있다. 부가가치세법에서는 사용자의 신용카드 매출에 대해 세액공제를 명시하고, 조세특례제한법에서는 개인 카드사용에 대해 소득공제를 시행하고 있다. 이러한 제도의 특성상 신용카드사에 비해 협상권이 약한 가맹정의 수수료율을 보완해줄 필요성에 대해 제기되는 등이 문제가 되고 있다.

결국 이 과정에서 정부-카드사-가맹점-고객 간 입장차이가 발생하게 된다. 정부는 법과 제도를 통하여 카드사-가맹점-고객 간 문제에 접근하고 있다. 미국은 반독점법 방지법으로, 일본은 가맹점 수수료에 관한 6가지 가이드 라인을 제시하고 있으며, 한국은 신용카드 가맹점 의무가입을 명시하였다.

고객의 카드 사용의 순간 다양한 행위자들은 소유잠재성에 의한 행동, 즉 잠재적 소유를 가정한 행위를 하게 된다고 볼 수 있다. 우선 고객은 카드를 사용함에 따라 기본적인 제공 포인트와 카드 사용액에 따른 카드사의 서비스 혜택에 따른 잠재적 소유를 기대할 수 있다. 한국 정부의 경우 보다 많은 신용카드 사용에 따른 세액의 증가분 만큼의 소유잠재성을 가지게 된다고 볼 수 있으며, 카드사의 경우 가맹점포로부터 획득하게 될 수수료를 잠재적 소유로 기대할 수 있게 된다. 가맹점의 경우 고객이 카드를 사용하게 됨으로써 더 많은 구매를 유도하게 되므로, 현금을 사용했을 때보다 초과 소비함으로 인해 얻게 되는 수익을 잠재적 소유로 획득하게 됨을 의미한다.

## 3. 상품권

상품권과 기프트카드는 무기명 유가증권이자 무기명 증표로서 지위를 가지게 되며, 최근에는 지류형 상품권 외에도 전자적 형태의 상품권이 등장하고 있다. 상품권은 과거 시기 1961년 제정된 상품권법(법률 제875호)에 의하여 법적 지위를 확보하고 있었으나 기업의 자유로운 경제활동을 보장한다는 명분 아래 1999년 폐지되었다. 이후 1999년 종이로 된 전통적 상품권 거래에 관하여『상품권 표준약관』이 분쟁해결의 기준이 되고 있다. 한편 신유형 상품권을 규율하기 위하여 기존의 상품권 표준약관은『지류형 상품권 표준약관』으로 명칭이 변경되었다.

신유형 상품권 표준약관에서는 상품권을 "그 명칭에 관계없이 발행자가 일정한 금액이나 물품 또는 용역의 수량(이하 '금액 등'이라 함)이 전자적 방법으로 저장되어 있거나, 전자정보가 기록되어 있다는 것이 기재된 증표를 다음 각 호의 형태로 발행하고 고객이 이를 발행자 등에게 제시 또는 교부하거나 기타의 방법으로 사용함으로써 그 증표에 기재된 내용에 따라 물품 또는 용역을 제공받을 수 있는 것을 말한다."고 정의하고 있다(제2조 제1항). 그 특징에 대해서도 신유형 상품권 표준약관 제2조 제1항 제1호에서 "전자적 상품권"을 "금액 등이 전자적 장치(전자카드 등)에 저장된 상품권으로, 제2호는 모바일 상품권을 금액 금액 등이 전자정보로 기록되어 있음이 기재된 증표가 모바일기기에 저장되고 제시함으로써 사용가능한 상품권으로, 제3호는 온라인 상품권을 온라인상으로만 조회 및 사용이 가능한 상품권으로 각 정의하였다.[1)]

사용방법에 대해서도 두 가지 종류로 구분하고 있으며, "금액형 신유형 상품권"을 비정액 또는 정액형 선불전자지급수단으로 유효기간 내 잔액범위 내에서 사용횟수에 제한없이 자유롭게 상품 등을 제공받을 수 있는 것으로, "물품 및 용역제공형 신유형 상품권"을 한정된 재화 또는 용역 제공을 목적으로 발행된 것으로 정의하고 있다. 이외에도 발행자로부터 물품 또

1) 공정개래위원회에서는 2015년 3월 27일 표준약관 제10073호 《신유형 상품권 표준약관》을 새롭게 제정하였다.

는 용역을 제공받을 수 있는 “자기발행형 상품권”과 발행자가 지정한 자로부터 물품 또는 용역을 제공받을 수 있는 “제3자발행형 상품권” 또한 여기에 속한다고 볼 수 있을 것이다.

김진우(2017)에 따르면, 위와 같은 법적 · 제도적 지위를 가지는 상품권은 형성권적 예약과 채권적 예약의 특징을 가진다고 할 수 있다. 형성권적 예약이란 발행자가 구체적 급부의 제공을 약속함으로서 형성되는 관계를 의미한다. 상품권에 기재된 급부는 가맹점 영업시간 내에서 자유롭게 선택할 수 있으며, 고객은 그에 대한 권리를 가지게 된다. 한편으로 금액형 상품권의 경우 고객이 매장에서 제공받을 물품 또는 용역의 선택이 고객의 몫이 되므로, 상품권 구매계약 외에 구체적 본계약이 성립되지 않게 된다. 이 경우 본 계약에 채권적 예약이 합의된 것이다. 이것은 곧 예약에서 상품권은 본계약의 체결에 관한 예약상 권리를 표창한 것이자 본계약의 이행에 이바지하는 기능을 가지게 된다.

정리하자면 상품권 및 기프트카드 등은 유가증권, 또는 무기명증표로 볼 수 있다. 제도적으로 법률에 의한 권리의 보장이 확정되지 않지만, 공정거래위원회가 제정한 표준약관이 분쟁해결의 기준을 제시한다고 할 수 있다. 한편 상품권은 기관의 성격에 따라 도서 및 문화를 장려하는 목적, 또는 자금조달의 목적으로 발행되어 지게 된다.

소유잠재성의 관점에서 볼 때 발행기관이 대중의 도서구입 및 문화활동을 장려하는 것이 목적이었다면, ㈜한국문화진흥 등의 경우 사업목적에 따른 성과를 충분히 달성한 것으로 볼 수 있을 것이다. 그것은 공공의 성격을 가지는 사업으로서 상품권의 발행을 통하여 대중이 보다 많은 문화생활을 영위할 수 있도록 독려하는 성과를 거두게 된 것이다. 이러한 성과는 공공사업에 관한 정부의 지원의지를 지속적으로 유지, 또는 강화할 수 있게 하는 계기가 된다. 본 발행기관에게는 정부로부터 확보하게 될지도 모르는 재원을 잠재적 소유로 볼 수 있게 되는 것이다.

또 다른 목적의 상품권 발행이 자금의 확보에 있는 경우는 소유잠재성을 보다 명확하게 설명할 수 있게 된다. 상품권의 경우는 고객에게 제공하는 동시에 그에 해당하는 (어쩌면 할인된) 금액을 확보하게 된다. 예컨대 한국의 대표적 유통기업으로 손꼽히는 롯데, 신세계 등에서 발행된 상품권은 고객 판매를 전제로 하는 소유잠재성을 가진다고 볼 수 있다.

한편으로 고객은 이들 기관들로부터 할인된 가격으로 상품권을 구입하게 되고, 동시에 그 이상 금액만큼의 재화 또는 서비스를 구입할 수 있게 된다는 점에서 할인된 금액의 차액 만큼 소유잠재성을 가진다고 할 수 있다. 이것은 현재 가치가 미래가치보다 높은 이유로 되는 것이므로 반드시 고객에게 할인된 판매가 이익이라고 단정할 수만은 없다. 다만 상품권을 사용하는 시점, 또는 어쩌면 사용하지 않을 지도 모르는 고객의 경우를 가정한다면, 소유잠재성이 그들에게 실제 소유로 귀속되지는 않을 것이다.

가맹점의 경우 고객이 상품권을 사용하게 됨으로써 더 많은 구매를 유도하게 되므로, 현금을 사용했을 때보다 초과 소비함으로 인해 얻게 되는 수익을 잠재적 소유로 획득하게 됨을 의미한다.

## 4. 채권

채권은 채무에 관한 권리를 의미하는 것으로써, 국가나 지방정부, 기업 등에서 자금조달을 위해 발행하는 유가 증권적 성격을 가지게 된다. 채권의 종류로는 국채, 지방채, 특수채, 사채, 기업어음 등으로 자금을 조달하는 주요 수단 중 하나인 셈이다.

국가, 지방정부, 기업 등의 발행주체들은 채권 발행시 모두 자금조달에 일정 수준의 이자를 추가로 제공하게 된다. 채권 매입을 전제로 투자자에게 현재 시점의 투자금의 가치가 미래의 같은 투자금보다 그 가치가 높기 때문에 일정한 이자가 되어야 하기 때문이다. 이러한 이유로 만기가 되기 이전 시기의 채권은 투자자들 사이에서 상호 거래 또한 가능하게 되며, 만기시 해당 이자만큼의 잠재적 수익을 기대할 수 있는 것이다. 한편 국가가 발행주체로 되는 국채인 경우, 한국의 기획재정부장관은 3년 이내 일정한 기간을 정하여 이자율과 상환기간 등을 정하도록 하게 된다.

기업이 발행주체가 되는 채권은 기업이 자금을 조달하기 위하여 발행하는 약속어음으로, 지급을 대행하는 은행(은행법 제2조의 금융기관 · 한국산업은행 및 중소기업은행 · 농수협중앙회 · 외국은행 국내지점)이 '기업어음증권'이라는 문자를 인쇄하여 교부하는 어음용지를 통하여 발행된다. 이외에도 채권 발행 및 관리와 관련하여 상법과 자본시장법, 국채법, 공사채등록법, 자산유동화법, 전자단기사채법 등이 적용되어진다.

정승화(2012)에 따르면, 채권의 특징으로는 이자를 포함한 '상환의 의무성'을 들 수 있다. 즉 파산 개념이 존재하기 위해서는 원금과 이자 부분에 관한 지급의무가 전제되어야 한다는 것이다. 이외에도 '지급연기 권한정도'는 약속된 시점에서 지급될 수 있는 권한의 정도를 의미한다. 이때 지급연기 권한이 약할수록 채권적 성격이, 지급연기 권한이 강할수록 주식성이 강하게 된다. '상태의존성', '만기의 유한성' 또한 지급의무의행이행 시점이 관건이다. 예컨대 채권 중에서도 10년채 또는 30년채 같은 장기 채권은 지급의무 시점이 매우 늦어진다. 최소한 10년 또는 30년의 기간 동안 채권에 관한 지급의무가 발생하지 않게 되는 것이다.

그렇다고 해서 채권발행기관 측에서 자금확보가 목적이듯이, 채권매수 기관 측의 투자는 미래 어느 시점에서의 잠재적 수익에 초점이 맞춰져 있다. 상환의 의무성은 이러한 의미에서 채권매수인에게 매우 중요한 의미를 가진다. 만약 발행기관 측에서 채권에 관한 상환의 의무성을 가지지 않는다면, 투자는 잠재적 수익의 위험성이 증가하는 대신 많은 수익의 획득 가능성은 그만큼 감소하게 된다.

## 5. 교환가치의 합종연횡

법정 통화와의 교환가치를 가지는 가상화폐, 포인트, 상품권, 채권 등은 이것의 획득을 전제로 하는 소유잠재성과 연관된다고 할 수 있다. 다만 법적으로 관련 규정에 따라 인정되어지는 상품권, 채권과는 다르게 가상화폐, 포인트는 다소 다른 관점에서 다뤄질 수 있다. 한편으로 이들 교환가치의 개념과 경계는 점차 모호해지는 추세에 있다고 할 수 있다.

### 1) 가상화폐

가상화폐와 관련된 논의는 현재 진행형이다. 블록

체인(Block-Chain)이라는 혁신적 기술에 기반한 안전성은 세계를 열광시키기에 충분한 것이었다. 다수 사람들이 원조 가상화폐 비트코인에 투자하였고, 인류 역사상 최고의 버블현상을 발생시켰다. 가상화폐를 전문적으로 거래하는 거래소의 설립은 또 다른 새로운 가상화폐의 발행으로 이어졌다.

이들 가상화폐의 가치는 투자자들의 거래에 의하여 변화하게 된다. 시시각각 가치가 변화하는 이들 가상화폐는 행위자들의 소유잠재성을 자극하기에 충분한 것이었으며, 상당한 부작용으로 이어진 바 있다. 각국 정부가 가상화폐를 제도적으로 인정하지 못하고 있는 것은 이러한 사실들에 기반하게 된다.

한편으로 공식화폐 이외의 교환가치를 가지지 못하는 가상화폐와는 다르게, 다국적 기업의 경우 기업 내 계열사가 상품과 서비스를 교환가치로 제공이 가능한 가상화폐를 발행하고 있다. 가상화폐 발행을 통한 자금조달을 의미하는 ICO(Initial Coin Offering)는 메신저업체 텔레그램과 필름 제작으로 유명한 코닥 등에 의해서 진행된 바 있다.

기업의 자금조달 형태가 기존 유가증권적 성격을 가지는 채권, 또는 유상증자를 통한 추가 주식의 발행, 상품권의 발행 등으로부터 가상화폐의 발행이라는 새로운 방법이 추가된 것을 의미한다고 볼 수 있는 것이다.

이것은 기업으로 하여금 가상화폐의 획득과 상품권과 포인트 등과 연계함으로써 충성고객의 지속적 확보로 이어질 수 있는 부분이다. 예컨대 해당 기업의 가상화폐를 보유한 고객에게 신제품 구입에 있어서의 우선적 권리 부여 등의 혜택은 고객의 소유잠재성을 자극하게 되는 것을 의미한다.

한편으로 기업 자체의 화폐 생태계 구축은 새로운 것만은 아니라고 볼 수 있다. 예컨대 기업 자체로 구축한 공간, 세계의 경우에 해당 공간이 가지는 환상을 극대화 하거나 소비자의 편의를 극대화하기 위하여 자체의 화폐 생태계가 구축되어지는 경우를 종종 발견하게 된다. 예컨대 한국 워터파크(Water Park)의 대명사로 일컬어지는 캐리비언 베이의 경우, 화폐 등 물품 소지의 제약 및 고객 편의보장을 목적으로 자체의 화폐 시스템을 구축하고 있다. 이곳에서는 미리 충전한 베이코인(Bay Coin)이라고 일컬어지는 일종의 전자화폐를 활용하여 음식 및 편의용품 등을 구입할 수 있으며, 사용하지 않은 전자화폐의 경우 다시 현금으로 돌려받을 수 있다.

〈그림 3〉 베이코인 안내 이미지

출처: 캐리비언 베이 홈페이지(왼쪽)와 에버랜드 트위터(오른쪽)

위와 같은 화폐 생태계 시스템의 도입은 충분한 확장가능성이 있다고 보여진다. 예컨대 휴대전화 기반의 전자결제 플랫폼으로 시작된 Samsung Pay 또는 LG Pay는 기업브랜드가 가지는 높은 신뢰도를 바탕으로 국내외 그룹 계열사에서 폭넓게 사용할 수 있는 화폐의 발행이 가능하게 된다. 기존 화폐와의 가장 큰 차이점은 화폐에 대한 보증을 정부가 아닌 기업이 한다는 것에 있으며, 국경을 넘어서는 사용이 가능할 수 있게 된다는 점이다. 이용자의 입장에서는 환전 과정에서 발생하는 비용의 절감효과는 물론, 가령 해당 계열사의 카드사용으로 획득하는 포인트를 통합적으로 사용할 수 있을 것으로 기대할 수 있다. 아래에서 제시하는 포인트/상품권에 대한 사례는 그 경계가 모호해지고 있는 사례들의 예시를 정리한 것이다.

### 2) 포인트/상품권

상품권의 발행은 표시된 액면가치 만큼의 교환가

치를 제공하겠다는 약속을 의미한다. 상품권을 획득한 고객은 액면가치의 상품이나 서비스를 요구하게 되는 것이다. 한편 최근의 추세는 기관에서 발행한 상품권이 포인트와 연계되어 통합적으로 제공되는 방향으로 진행되고 있다. 인터넷에 기반한 웹서비스와 스마트폰에 기반한 어플리케이션의 대중화는 이러한 경계를 점차 허물고 있는 것이다.

### (1) (주)한국문화진흥 문화상품권

㈜한국문화진흥의 문화상품권 발행은 대중이 보다 많은 문화생활의 기회를 접할 수 있도록 하기 위한 목적에 의한 것으로 볼 수 있을 것이다. 이에 많은 사람들이 비교적 액면가보다 저렴한 가격으로 문화상품권을 구입할 수 있게 되었다. 본래 지류형태로 발행된 문화상품권은 도서, 영화, 공연 등으로 사용범위가 정해져 있었다. 이후 전자 형태의 문화상품권이 발행되면서 그 사용 범위 역시 주요 쇼핑몰, 편의점, 컨텐

〈그림4〉 컬쳐랜드 홍보 이미지

출처: 컬쳐랜드 홈페이지

츠 이용 사이트 등으로 확장되어지고 있으며, 최근 시기에는 특정 회사의 보험료 납부에까지 사용이 가능해지고 있다. 그 중심에는 온라인 플랫폼으로서의 컬쳐랜드(http://www.cultureland.co.kr)와 모바일 어플리케이션 '컬쳐랜드'가 자리잡고 있다.

우선 지류형태 상품권의 경우에는 오프라인 매장에서 사용이 가능할 뿐 아니라, 상품권 금액부분의 긁어내면 드러나는 PIN번호를 본인의 계정에 등록하고 온라인 사이트, 또는 모바일 내에서도 이용이 가능하게 된다. 전자형태로 발급되는 상품권의 경우에도 오프라인 매장에 모바일 바코드를 보여주면 쉽게 이용이 가능한 부분이다. 지류 및 전자상품권 모두 온 · 오프라인에서 이용할 수 있다는 점이 문화상품권의 장점으로 볼 수 있을 것이다.

한편으로 문화상품권의 확장성은 문화상품권 자체가 가지는 뛰어난 교환가치 이외에도, 자체 포인트 적립시스템에 기반한 것이기도 하다. 발행된 상품권의 금액을 계정에 등록하여 통합 관리하는 시스템을 구축함으로써 상품권 이용자에게 편의성을 보장하고 있는 것이다. 특정 어플리케이션을 다운로드 받고 회원가입 하거나, 서비스 이용을 대가로 포인트를 이 통합등록계좌로 적립 후 사용할 수 있게 된다.

정리하자면 문화상품권을 통한 통합플랫폼의 완성은 기존 유가증권적 성격을 가지는 상품권과 일정 기준에 의하여 제공되는 포인트의 통합관리를 의미한다.

#### (2) KB금융그룹 어플리케이션 리브메이트

KB금융그룹 어플리케이션 리브메이트(Liiv Mate)는 국민은행에서 제공하는 포인트에 기반한 서비스

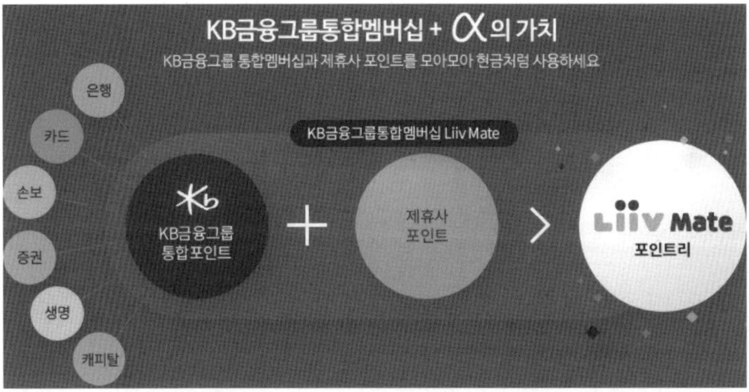


〈그림5〉 KB금융그룹 리브메이트(Liiv Mate) 소개

를 제공한다. KB금융그룹의 적립 포인트를 의미하는 Pointree는 신용/체크 카드를 사용함으로써 적립될 수도 있고, 각종 이벤트 참여를 통해서도 획득 되어질 수도 있다. 출석을 하거나 퀴즈를 풀어 맞추면 적립되어지는 Pointree는 리브메이트와 제휴한 매장들에서 결제가 이뤄질 수 있다. Pointree가 부족하면 지정한 계좌를 통해서도 충전이 가능하다.[2)]

2) Pointree 충전은 본인 명의 지정계좌를 통해서만 가능하며, 최초로 모바일 본인 인증과 6자리의 PIN 번호 지정을 통해서 가능하게 된다.

국민 신용/체크카드 이용을 통하여 적립된 Pointree는 기존에도 온/오프라인의 가맹점포에서 사용이 가능한 것이었다. 다만 가맹점포를 방문하여 비밀번호를 입력해야 하는 등의 불편함이 있었다고 할 수 있다. 적립 또한 카드 사용에만 의존하였다는 점에서 고객들을 만족시키는데 한계가 존재하였다고 볼 수 있다.

그렇다고 카드 사용에 따른 Pointree 적립의 방식이 전혀 효과를 거두지 못한 것은 아니다. Pointree 적립 비율이 높은 가맹점포 와의 협력체계를 구축함으로써, 소비자들의 Pointree 소유잠재성을 자극하기도 하였다.

다양한 이벤트를 통한 Pointree 적립 또한 고객의 소유잠재성을 자극한다. 예컨대 리브메이트(Liiv Mate) 어플리케이션를 통한 출석체크를 하거나, 매일 마다 제시되는 '오늘의 퀴즈', 또는 1주일에 한 번 제시되는 '시사경제퀴즈'의 정답을 맞춤으로써 Pointree 획득이 가능하게 되는 것이다.

적립된 Pointree 로는 리브메이트(Liiv Mate) 플랫폼을 통하여 액면가보다 할인된 금액으로 문화상품권 구입, 제휴업체의 동의 하에 50-90% 정도 금액 수준의 Pointree로 Mate 쿠폰을 구입할 수도 있다. 이외에도 제휴 쿠폰을 통한 알뜰구매를 할 수 도 있고, 해당 플랫폼을 통한 오프라인 매장 결제 또한 가능하게 된다. 오프라인 매장에서 리브메이트(Liiv Mate) 플랫폼 바코드를 통한 Pointree 결제를 하게 되면, 사용금액의 10%를 다시 Pointree로 적립해주게 된다.

정리하자면 리브메이트(Liiv Mate) 플랫폼에서는 기존의 가입 고객들에게 자사Pointree 에 관한 소유잠재성을 자극하고, 이를 통하여 다양한 혜택들을 제공하고 있는 것이다.

### (3) GS그룹 모바일POP

GS그룹 계열에서는 교통카드 POP과 그 스마트 버

전인 모바일POP, 그리고 GS포인트의 연계를 통하여 지속적으로 충성도 높은 고객을 확보하고 있다. POP카드는 한국의 대중교통을 이용할 때 사용되어지는 교통카드의 한 형태로서 현금을 통하여 충전이 가능하다고 할 수 있다. 동시에 GS그룹과 긴밀한 연계를 유지하는 창업그룹으로서 LG그룹 계열사이자 한국 3대 메이저통신사 LG U+에서 제공하는 통신사 포인트 또한 충전수단의 하나가 되기도 한다. LG U+에서는 고객이 사용하는 요금제와 상품에 따라서 연간 포인트를 제공하는데, 이 중에서 월 2,000포인트를 POP카드 포인트로 충전이 가능한 것이다.

충전된 POP 포인트로는 대중교통의 이용은 물론 GS계열사에서 자유롭게 사용이 가능하다. 특히 GS25 편의점에서 매달 지정하는 1+1. 2+1 등 행사상품을 구입할 경우, POP카드 포인트는 10% 추가 혜택을 제공한다. 이미 제휴를 맺은 통신사 KT와 LG U+통신사 포인트 할인까지 적용되면 20%의 할인을 적용받을 수 있으며, 동시에 본인명의로 등록된 GS포인트 또한 적립되어진다. 결제 시에는 GS25에서 발행한 상품권 사용 또한 가능하다.

이러한 기능들을 통합하여 제공하는 어플리케이션 '나만의 냉장고' 에서는 1+1, 또는 2+1 행사를 통하여 필요 이상으로 구입한 제품을 보관하는 기능을 갖추고 있다. 본 어플에 저장된 제품은 일정 기간 내 전국

〈그림6〉 모바일POP QR코드와 연동가능한 나만의냉장고 Application

출처: GS25 홈페이지 및 나만의 냉장고 어플리케이션 보관 화면

GS25 지점에서 동일한 실물제품으로 언제든지 교환할 수 있는 것이다.

결과적으로 GS그룹에서 제공하는 포인트/상품권 혜택은 교통카드에 기반한 POP카드, GS포인트, GS상품권을 통해 이뤄지게 된다. '나만의 냉장고' 어플리케이션은 이들 서비스를 한꺼번에 이용할 수 있는 플랫폼을 제공한다. 사전에 POP카드와 통신사 카드를 등록하면 동시에 할인 및 적립의 혜택을 볼 수 있으며, 여분의 제품은 보관 후 일정 기간 안에 찾을 수 있게 되는 것이다.

#### (5) 포인트파크

포인트파크(www.pointpark.com)에서는 개인이 국내에서 적립 및 사용가능한 포인트 조회 서비스를 제공하고 있다. 포인트 또한 개인의 재산이라는 인식 하에 개인이 적립한 포인트를 통합적으로 사용할 수 있는 통합플랫폼울 제공하는 것이다.

포인트 조회는 회원 가입 후, 이름과 생년월일, 휴대전화 인증을 통하여 진행할 수 으며며, 본인 명의로 적립된 각각의 포인트들은 상품을 주문하거나 전환할 때 필요한 만큼 전환하여 사용할 수 있는 서비스를 제공하고 있다.

다만 통합포인트 전환은 포인트파크 플랫폼을 통하여 상품구입의 경우 하게 되지만, 반드시 포인트파크 통합포인트 로만 전환할 필요는 없다. 고객의 기호에 따라 BC TOP/KB 포인트리/GS&POINT/E1 오렌지포인트/S-OIL S-포인트/아모레퍼시픽 뷰티포인트 등으로 선택하여 통합전환을 선택할 수 있게 된다.

포인트파크 플랫폼에서 제공하는 또 하나의 기능은 통합포인트의 사용처의 다각화를 통한 서비스를 진행하는 것이다. 그 중에서도 KT(Korea Telecome) 휴대전화 단말기 구입시 본인 명의의 포인트를 통합하여 사용하거나 LTE데이터 쿠폰을 받는 등 통산사 쿠폰 형태로 사용할 수 있다. 메가박스 영화예매권을 비

〈그림7〉 포인트파크의 전환 통합포인트 사용처

출처: 포인트파크 홈페이지

롯한 문화컨텐츠나 화장품 및 향수 등 배송상품을 사용하는 것 또한 가능하다. 모바일 쿠폰 제공을 제휴한 엔젤리너스/탐앤탐스/폴바셋/스타벅스/할리스커피/베스킨라빈스/롯데리아/던킨도너츠/뚜레쥬르/투썸플레이스/커피빈/파리바게뜨/도미노피자/미스터피자/

스무디킹 등에서 피자, 커피, 케익. 아이스크림을 교환할 수도 있다. 이외에도 웹하드 사용이나 웹툰/소설/게임 등 컨텐츠를 보거나 다운받는데서 필요한 비용을 포인트로 지불할 수도 있다.

| 제7장 |

# 사회문제와 소유잠재성

# 1. 저출산 현상

## 1) 문제의 원인

21세기에 들어서면서 전세계적으로 저출산 현상은 뚜렷하게 나타나고 있다. 만성적 저출산 현상이 나타나는 원인을 소유잠재성의 관점에서 보면 비교적 명확하게 진단할 수 있게 된다.

과거 시기 개인에게 있어서 자녀의 출산은 더 많은 생산에 기여할 수 있는 노동의 창출이었다. 기계가 인간의 노동을 완전히 대체하기 이전 시기 많은 사람들의 노동은 곧 생산성과와 직결 되었던 것이다. 제2차 세계대전을 끝으로 평화체제가 구축되기 이전 시기, 전세계는 전쟁으로 인해 생산가능 인구가 꾸준히 줄어들던 상황에 직면해 있었다. 또한 국가적으로 전후 복구를 위하여 생산을 담당할 노동의 필요가 절실했던 상황이었다. 개인에게 있어서도 출산은 곧 가문의 세(勢)를 의미하는 동시에, 생산력 증대를 가져올 노동의 증가이기도 하였다. 노동의 증가는 생산력의 증대로 가문과 개인에게 부를 가져오게 되었고, 국가적으로도 경제성장에 이바지 하는 성과로 이어지게 되었다.

한편 영국의 고전학파 경제학자 맬서스(Malthus)는 식량의 산술급수적 증가와 인구의 기하급수적 증가에 따른 식량부족 현상이 빈곤과 죄악으로 나타날 것으로 예측하였으며, 그의 이러한 경고에 따라 다수 국가들에서 산아제한 정책을 실시하기에 이르렀다고 할 수 있다. 만약 암모니아 합성법으로 질소비료 제조법을 창안한 프리츠 하버(Fritz Haber)가 없었다면, 맬서스의 예상은 현실로 나타났을 가능성이 높았을 것이다.

산아제한 정책이 한창 실시되던 시점에 정부는 적정한 인구 수준을 유지함으로써, 빈곤과 기아를 없애고 풍요로운 사회의 청사진을 그리고 있었다. 국가의 이러한 기대는 적정 인구수준을 유지함에 따라 절대적 빈곤문제를 해결 했다는데 있어서 어느 정도 효과를 거뒀다고 볼 수 있을 것이다. 집권 여당과 국가의 지도자는 정책적 성공에 힘입어 높은 지지율을 유지하고, 차기 선거에서 재집권할 수 있는 토대를 마련할 수 있게 되었다. 개인의 입장에서는 가문의 대를 이어나갈 자녀의 숫자가 1-2명에 불과하게 됨으로써, 과거보다 자녀 교육에 대한 투자여력이 생겨나게 된 것으로 볼 수 있다.

오늘날 남녀평등과 여성권리의 향상, 안전한 피임법의 대중화 등으로 이제 전세계적으로 저출산 현상은 뚜렷한 추세로 나타나고 있다. 저출산 현상의 지속으로 각 국가들은 생산가능인구의 감소로 인한 경기침체현상과 미래 어느 시점에는 국가의 소멸로까지 이어질 것이라는 위기감 또한 조성되고 있다. 이러한 이유로 각 국가에서는 저출산 현상에 관한 해법을 찾기 위한 노력을 기울이고 있다. 기업들에게도 저출산으로 인한 인구의 감소현상은 전체 시장의 감소로 이어지는 것으로 인식되어진다. 이에 소수의 기업들은 단기적으로 생산성은 감소하더라도, 직원들의 출산을 장려함으로써 지속가능한 시장을 확보하기 위한 움직임을 보이고 있다. 마지막으로 개인에게 있어서 자녀의 출생은 여전히 자신의 대를 이어나갈 혈육으로서의 의미를 지닌다. 다만 자녀는 생산가능 인구로서 의미를 가지기 이전에, 성장 과정에서 많은 비용이 들어가는 대상으로 간주되어지고 있다. 사람이 생산을 담당하던 시기 자녀의 존재는 생산의 중심에서 그 역할을 하였으나, 기술의 진보로 기계가 생산을 담당하게 되면서 자녀의 존재는 소비의 존재로서 부각될 뿐이다. 개인에게 자녀의 탄생은 그 자체로 고귀하고 의미있는 일이지만, 그 존재가 성장할 때까지 부양할 수 있는 경제적 여건에 따라 자녀계획은 달라지게 된다.

### 2) 정책적 함의

저출산 현상 극복의 전제는 과거 시기 출산이 개인과 가정에게 생산력의 확대라는 확실한 소유잠재성이 존재하였듯이, 자녀의 획득을 전제로 하는 확실한 소유의 획득을 전제로 한다고 볼 수 있다. 현재 한국의 각 지방 정부에서도 출산을 전제로 보조금을 지원하거나 소득공제 혜택 등을 시행하는 것으로 알려져 있다. 그러나 이러한 정책은 한 자녀를 양육하는데 들어가는 비용에 비하면 미미한 정도에 그치고 있으며, 정책적 효과도 크지 않다고 할 수 밖에 없을 것이다.

한편 현재 20-30대 청년세대의 낮은 출산율을 바라보는 국가적 차원의 안타까운 시각만큼이나 부모 세대는 손자(녀)의 출산을 바라고 있다고 할 수 있다. 국가는 지속적 존립을 위하여 국가의 핵심 구성원으로서의 국민의 감소와 극단적으로 소멸에로 이어질 상황에 직면해 있다. 부모 세대는 자녀 세대에게 가문의 대(代)를 이어갈 손자(녀)의 출생이 간절하다고 볼 수 있다.

이러한 국가적 요구와 부모세대의 요구는 자녀세대에게 상속재산에 관한 소유의 획득가능성, 즉 소유잠재성을 통하여 일정 부분 반영될 수 있을 것으로 보인다. 예컨대 한국의 상속제도는 자녀의 균등상속을 명시하되, 부모에 대한 효(孝)의 실천과 부양의 정도에 따라서 그 비율이 정해지게 된다. 부모의 재산이 100이라고 봤을 때 부양의 의무를 실천한 자녀에게는 70 대 30의 비율이 될 수도 있고 80 대 20의 비율로 정해질 수도 있다. 즉 부모 세대에 대한 현 세대의 노력은 법적 상속재산의 권한을 가진 자녀에게 상속재산에 대한 보상으로 이어지게 됨을 의미한다. 부모 세대에 대한 자녀 세대의 노력이 곧 상속재산에 대한 소유잠재성으로 이어지도록 하는 것은 그들로 하여금 효(孝)라는 가치를 실천하도록 하기 위함인 것이다. 다만 상속제도에 있어서 중요한 한 가지 고려 요인이 빠져 있다는 점에 대해서도 인식하여야 한다. 상속제도가 과거 세대와 현 세대만의 관계로만 보기에는 미래세대에 대한 배려가 부족한 것이기 때문이다. 미래세대는 향후 대한민국(국가)을 짊어지고 나갈 주인공이자 각 가정의 소중한 구성원이자 과거 세대의 차세대 상속자가 된다는 점을 인식해야 한다.

즉 법정상속의 관계는 부모 세대와 자녀 세대의 관계 뿐 아니라 손자(녀) 세대를 아우르는 과정이 될 필요성이 있다는 점이다. 자녀 세대에서 상속받는 재산의 기준은 손자(녀)세대의 몫을 포함하여야 하며, 이들은 낮은 출산율로 인하여 극단적으로 제기되는 국가 소멸이라는 주장 속에서 대한민국과 가문의 대를 잇는 주인공이 되기 때문이다. 미래세대, 손자(녀)세대의 몫을 대상으로 하는 상속제도의 개편은 현세대, 자녀 세대의 소유잠재성을 자극하게 될 것이다. 즉 개인이 출산으로 인하여 포기해야 하는 가치가 미래세대 몫에 비례하는 상속재산의 소유잠재성으로 보상받을 수 있게 됨을 의미한다.

### 3) 제도화

저출산 극복을 위한 상속재산의 소유잠재성 활용은 국가적 요구, 그리고 부모 세대가 간절히 바라는 결과물로써 현실화 된다고 볼 수 있다. 개인의 재산을 공인하고 보호하는 공적 폭력의 담당자로서 국가와 상속재산을 가진 부모세대의 지향점이 자녀세대의 출산에 초점을 맞추고 있기 때문이다. 이른 바 자녀 세대와 후대의 상속자로서 손자(녀)의 몫까지 상속제도에 반영하게 된다면, 자녀세대가 출산으로 인하여 겪게 될 경제적 어려움에 대한 보상이 될 수 있게 됨으로써 출산율 향상에 기여하게 될 전망이다.

다만 소유잠재성을 활용한 제도화 실현은 상황의 심각성에 따라 단계별로 진행할 필요가 있을 것으로 보인다. 우선 현재의 자녀세대(20-40대)의 대부분이 형제(남매 또는 자매)를 가지고 있다면, 부모세대의 법적 상속인으로 지정되는 자녀세대의 손자(녀)의 출산에 따라 상속재산의 지분을 조정함으로써 소유잠재성을 자극할 수 있게 된다. 예를 들어 형제 ㉮과 ㉯가 있을 때, 둘 다 자녀가 없을 때의 상속재산의 비율은 1:1 로 균등하다고 볼 수 있다. 이때 ㉯가 출산을 하여 한 명의 자녀를 얻게 될 경우 미래 세대 상속의 몫까지 포함하게 되어 상속재산의 비율은 1:2 가 되며, 쌍둥이를 얻게 되었다고 할 가정할 경우에는 1:3의 비율로 상속재산의 비율이 정해질 수 있게 되는 것이다. 상속재산의 조정은 본가-처가 또는 친정-시댁에 동일하게 적용되므로, 자녀세대의 손자(녀) 출생에 따른 비용적 부담은 상속재산을 통하여 충분히 보상받을 수 있게 된다.

둘째, 저출산 현상이 오랜 기간 진행되거나 정부의 과도한 출산억제정책으로 인하여 자녀세대가 대부분 형제(남매 또는 자매)가 없고, 1가구 1자녀가 보편화 된 상황에서는 상속자가 오직 1명에 불과하므로, 앞서 제시한 정책은 효과를 발휘하기 어려운 상황에 직면하게 된다고 볼 수 있다. 따라서 부모세대가 바라는 최소한의 손자(녀)의 출생조차 없어서 집안의 대(代)가 끊어지는 상황에 직면한다면, 정부는 자녀세대에 대한 일정 비율의 상속세를 부과하여 출산을 독려할 수 있다. 다만 개인이 출산을 위하여 충분히 노력하였음에도 불구하고 불임 증상 또는 기타 원인 등으로 아이를 갖지 못하게 될 경우에는 예외로 하며, 자녀를 가질 수 있는 충분한 능력을 가진 개인이 출산하지 않음으로 하여 조성한 기금은 출산장려를 위한 정책에 활용할 수 있다.

셋째, 저출산 문제가 심각한 수준에 이르러 국가 경제가 침체됨과 동시에 국가의 존립에 심각한 위협을 받는 상황에서의 정책은 보다 강력하게 진행되어야 할 필요가 있다. 앞서 자녀가 대를 이을 손자(녀) 1명의 출산은 부모로 부터의 재산 상속 과정에서 현재의 재산을 온전히 상속받을 권리였다고 할 수 있다. 다만 그 이상의 출산에 대한 보상이 충분치 않게 됨으로써 그 이상의 손자(녀)를 가지지 않는 현상이 나타날 수도 있다. 따라서 손자(녀)를 2명 또는 그 이상 출산을 할 경우에는 그 숫자에 비례하여 기존의 상속세를 감면하거나, 출산장려기금을 통하여 충분한 금전적 보상을 통하여 개인의 소유잠재성을 극대화 시킬 필요가 있다.

## 2. 창업

### 1) 문제의 원인

기업의 혁신은 기업가정신에게 비롯된다고 할 수 있다. 슘페터에 따르면 기업가는 단순하게 일상적인 생산과 소비의 과정을 지켜보는 것이 아니라 실제 미래를 만들어가는 사람을 의미한다. 기업가의 창업은 기업가가 무엇인가를 창조하고 일을 완성시키며 자신의 에너지와 재능 발휘를 실현시켜줄 수 있는 선언과도 같은 것이다.

기업가의 창업 과정에는 항상 위험이 존재하게 된다. 새 것을 시도하려는 이에 대한 기존 세력의 완고한 저항이 나타날 수 있으며, 그 저항은 혁신으로 인해 이익을 침해받는 집단에서 나타나며, 또는 이익보호에 필요한 협력을 찾기 어려운 집단, 소비자를 이기기 어려운 집단 등에서도 나타날 수 있다. 한편, 소비자의 욕구가 항상 새로운 것을 원할 때 기업의 창업은 새로운 수요를 만들어 낼 수 있으며, 새로운 기업가의 탄생으로 기존의 기업가가 퇴보하는 반복의 연속으로, 경제는 활력를 띄고 발전하게 된다. 이렇듯 기업의 창업은 끊임없는 투쟁의 과정이며, 혁신을 통하여 생존을 담보할 수 있고 혁신을 이뤄나가는 행위의 출발점이라고 할 수 있을 것이다.

다만 나라마다 창업에 대한 인식과 차이는 존재하게 마련이다. 예컨대 미국에서 개인의 창업은 새로운 기회와 도전으로 받아들여지는 반면, 한국에서는 창업으로 인하여 집안의 재산을 탕진하게 된 사례들이 회자되며 부정적으로 인식하는 경향이 있다. 이러한 사회적 인식의 차이는 기업가의 혁신을 끌어낼 수 있는 잠재성과 연관될 수 있게 될 수 있다. 또 다른 부분은 개인의 창업이 성공으로 귀결될 가능성은 기존업계 또는 이익집단의 저항 등으로 크지 않은데, 개인이 창업에 성공하지 못하는 경우에도 다시 도전할 수 있는 선택지가 있는지에 관한 여부이다. 실패를 하더라도 개인에게 또 다시 창업을 할 수 있거나, 또는 질이 괜찮은 일자리를 구할 수 있는 상황이 된다면 개인의 창업에 대한 도전가능성은 높아진다.

마지막으로 개인의 창업이 기존 업계나 이익집단과의 공정한 경쟁을 할 수 있는지에 관한 부분을 들 수 있다. 예컨대 한국에서 개인의 창업은 매우 큰 위험을 가진 도전으로 인식 되어진다. 개인이 발명 등으로 원천특허를 비롯한 지적재산권을 확보하였다고 하더라도, 대기업 집단을 비롯한 경쟁자들의 방해로 인하여 경쟁우위를 잃어버리는 사례들이 있어왔기 때문이다. 예컨대 한국에서 1997년 MP3 기술을 개발하여 국내특허를 낸 황정하 창업자는 '디지털캐스트'를 창업하고 세계최초의 MP3 디바이스를 개발하게 되었다.

다만 제품 생산에 부족한 자금을 조달하기 위한 과정에서 삼성家 방계그룹이었던 '새한미디어'의 도움을 받는 대신 특허권을 공동소유하게 되었고, 이 과정에서 국내에서의 특허무효소송이 진행됨으로써 국내 특허는 소멸되었다. 이후 경영에서 어려움을 겪던 황정하 사장의 반쪽짜리 MP3 원천특허는 미국계 회사로 넘어가게 됨으로써, 그의 창업은 비극적 결말을 맞이하게 되었다고 할 수 있다.

### 2) 정책적 함의

기업가의 탄생, 즉 창업이 성공으로 이어지는 것은 1차적으로는 개인에게 많은 수익을 안겨준다고 할 수 있다. 동시에 혁신에 기반한 창업활동은 국가적 이익을 가져다주는 행위라고도 볼 수 있다. 대기업 집단 내에서의 창업은 혁신 에너지를 불어넣음으로써 새로운 성장동력을 제공해 준다. 즉 한 개인의 창업행위는 개인에게는 미래의 무한한 수익으로, 국가적으로는 기업가의 혁신성장과 고용의 창출로, 기업에게는 새로운 성장동력에 대한 소유잠재성을 의미하게 된다고 할 수 있다.

반대로 한 창업자의 창업실패는 개인에게 그 책임이 돌아가게 된다. 그의 창업행위는 성공 시에는 무한한 수익으로, 실패 시에는 천문학적 수준의 빚더미에 올라 파산에 직면할 수도 있는 것이다. 한 개인이 창업에 성공하고 기업가가 탄생하게 됨으로써 국가가 얻게 되는 소유잠재성을 고려한다면, 이에 대한 국가적 차원의 책임은 상대적으로 적다고 할 수 있다. 앞서 소개한 황정하 사장이 MP3 원천기술을 가지고 창업한 부분이 비단 개인의 실패 뿐만 아니라, 원천특허가 외국계열 회사로 넘어가게 됨으로써 국가적 차원의 손실로 인식되고 있다는 점을 고려할 때, 창업실패에 대한 국가적 책임은 결코 적지 않다고 할 수 있는 것이다.

한편 한국의 대기업집단 SK하이닉스 에서는 2019

년 1월부터 사내벤처 프로그램 '하이개라지(HiGarage)' 프로그램을 가동하고 있다. 창업 아이디어를 낸 직원들에게 창업기회를 부여하는 프로그램으로 글로벌 IT 기업들이 차고(garage)에서 창업한 것에서 착안한 것이다. 2년 동안 창업을 하여 성공하면 독립하고 실패하면 재입사를 보장하는 것이 본 프로그램의 취지이다. 한국 대기업집단의 위와 같은 행보는 혁신을 통한 새로운 기업가의 탄생이 기업에 활력을 불어넣고 새로운 성장동력으로 작용할 수 있을 것이라는 기대에 따른 것이라고 할 수 있다.

요컨대 한 개인의 창업은 기업가 개인과 그 가문에게만 혜택이 돌아가는 것이 아니라고 할 수 있다. 기업가의 탄생은 국가적 차원에서의 혁신과 고용 창출의 기회로 이어지게 되며, 기존 업계 또는 기업들에게는 활력을 불어넣고 새로운 성장동력의 기회로 다가올 수 있는 것임을 의미하게 되는 것이다.

### 3) 제도화

개인의 기업가정신에 근거한 창업, 즉 기업가가 되기 위한 도전은 그가 기업을 경영함에 따라 향후 획득할지도 모르는 가능성에서 그 동기를 찾게 된다고 할 수 있다. 기업가로서의 지위, 천문학적 수준의 부(富), 그리고 자신만의 왕국을 건설할 수 있을 것이라는 기대 등은 개인에게 창업의 동기요인이 되는 것이다. 그러나 반대로 개인이 기업가로서 성공할 수 있는 확률은 그다지 높지 않다고 할 수 있다. 창업에 실패한 개인은 반대로 감당할 수 없을 정도의 빚을 지게 될 수도 있고, 결국에는 파산에 이르게 될 수도 있다.

한편으로 개인의 혁신을 기반으로 하는 창업이 성공을 거두고, 새로운 기업가가 탄생하는 것은 국가경제 발전에 긍정적 영향을 준다고 할 수 있다. 이에 문재인 정부에서는 행정부 조직으로 중소벤처기업부를 신설하고, 개인의 창업활동 및 벤처기업을 지원하는 프로그램들을 가동하고 있는 중이다. 여기에는 생애

주기별 맞춤형 프로그램들을 통하여 기업가정신과 창업지원을 다각화하는 프로그램 등이 포함된다. 청소년 시기 기업가정신을 학습하고 창업교육, 창업동아리 활동을 지원하는 '청소년 비즈쿨'과 청년의 창업을 돕는 '창업성공패키지', 중장년 (예비)창업자가 경력 · 네트워크 · 전문성을 활용하여 성공적인 창업을 할 수 있도록 돕는 '중장년 기술창업센터' 등 창업의 준비를 돕는 프로그램부터, 대기업집단의 혁신역량을 활용하여 본사 창업기업의 사업화 및 성장지원을 통하여 기술창업 활성화 및 개방형 혁신 창업생태계를 조성하는 '사내벤처 육성프로그램', 그리고 창업자, 투자자, 기업, 대학 등 다양한 창업혁신 주체가 열린 공간에서 자유롭게 네트워킹하며 성장할 수 있도록 창업클러스터를 조성하는 '스타트업 파크 조성'사업 등을 포함한 30여 개의 사업을 진행 중에 있다.

다만 현재의 기업가를 육성하기 위한 정부의 정책적 지원은 기업가 지망을 꿈꾸던 개인의 실패까지 책임져주지 않는다고 볼 수 있다. 창업에 실패한 개인은 최악의 경우 천문학적 빚더미을 떠안고 파산에 직면할 수 있는 것이다. 그러나 기업가의 탄생으로 획득가능한 국가적 이익에 비례하게, 국가는 개인의 창업 실패에 대한 책임을 공유하지 않는다. 따라서 기업가 정신에 입각한 개인의 창업을 지원하는 제도는 국가가 개인의 창업실패의 위험을 줄여주는 방향을 지향해야 한다고 볼 수 있다.

이에 국가에서는 창업으로 인하여 개인의 파산에 직면하는 것을 막거나, 개인이 창업의 길에 들어서게 되면서 잃어버리는 기회비용 부분에 초점을 맞출 필요가 있게 된다. 국가에서는 개인의 도전이 기업가 정신에 부합하고 혁신을 지향하는 창업에 대하여 일종의 보험을 운영해야 할 필요가 있어 보인다. 혁신에 기반한 스타트업, 벤처기업의 도전이 실패로 끝나게 된다고 하더라도, 보험을 통하여 개인의 파산을 막을 수 있다면 보다 많은 도전이 가능하게 될 것이다.

다음은 개인이 창업을 선택함으로 인해 발생하는 기회비용에 따라 창업에 비교적 소극적으로 되는 부분을 들 수 있다. 예컨대 성공가능성이 낮은 창업을 하는 것보다 안정적인 직장을 구하는 것이 개인에게는 합리적 선택일 수 있는 것이다. 따라서 개인이 창업에 실패하더라도 관련 공공기관 등에서 이들에 관한 경력을 인정하고 채용하는 기회를 제공할 필요가 있어 보인다. 또는 어느 정도 창업을 통해 사업이 정상화 될 경우, 창업자 개인에게 공공기관에 입사할 기회를 주고 사업의 안정성을 보장하는 등의 제도적 장치 또한 개인의 창업을 독려할 수 있을 것이다.

만약 연관 공공기관의 경력 및 채용의 연계정책이 효과가 미미하다면, 아직도 개인들이 창업의 기회비용이 취업 준비보다 더 크다고 느끼는 것이다. 따라서 정책이 효과를 발휘할 수 있을 정도 수준까지 연관 공공기관과 혁신창업 경력 및 채용의 비율을 높이는 방안이 요구 되어진다고 할 수 있다. 공무원보다 안정적이고 보수가 높은 연관된 공공기관 채용 관문이 혁신 창업, 또는 기업가 지망생에게만 특별히 열려있다는 인식을 줄 필요가 있다는 것이다. 이러한 구조가 구축되었을 때 혁신성을 가진 창업 아이디어를 가진 개인은 창업을 기회비용으로 생각하지 않고 경력으로 인식하게 될 것이다.

물론 개인 파산에 관한 보험, 개인창업을 연관 공공기관 경력 인정 등의 제도화혜택은 기업가정신에 기반하고 혁신을 지향하는 창업에 국한되어져야 한다. 이에 대한 기대효과로는 혁신적 아이디어를 가진 개인의 창업이 보다 현실적인 선택지가 될 수 있다는 것이다. 기존 제도에서 개인의 창업은 실패에 따른 개인 파산의 위험, 그리고 취업 경력단절의 우려가 존재하여 왔다고 할 수 있다. 따라서 현실적인 보험제도를 통하여 개인의 파산위험을 줄여주고, 창업을 연관 공공기관의 경력으로 인정하고 입사기회를 제공한다면, 혁신적인 아이디어를 가진 개인의 창업활동이 보다 활발해질 수 있을 것으로 보인다.

## 3. 부동산 버블

### 1) 문제의 원인

버블에 대한 정의를 정치경제학 사전에서는 "상당한 수준의 투기에 동반되는 견실하지 못한 사업"으로 정의하고 있다. 물론 이 개념이 탄탄한 조작적 정의(Operationaal Definiton)을 결여하고 있다는 비판에도 불구하고, 비이성적 과열을 의미하는 버블은 군집행위를 통하여 설명되어 진다. 투자자들은 가치가 급증하는 대상에 집단적으로 투자하는 경향을 가지게 되는 것이다. 소유잠재성의 관점에서 보면, 이 행위는 투자자가 현재 투자한 가치보다 미래의 시점에 더 큰 가치로 돌아올 것이라는 기대가 작용한다고 볼 수 있다.

한편으로 대도시를 중심으로 시작된 부동산 버블

은 전세계적 보편적 현상으로 진행되고 있다고 할 수 있다. 인류의 핵무기 개발과 항구적 평화체제 정착으로 부동산은 대표적 안전자산의 상징으로 굳어졌고, 여기에 전세계적인 인구증가 추세와 주택 부족 현상 등이 겹치면서 부동산 버블 현상으로 이어지게 되었다. 세월이 흘러도 그 가치에는 변동이 없을 것이라는 확신은 부동산에 대한 투기적 수요를 만든 것이었다.

만약 부동산이 세월의 흐름에 따라 가치의 급격한 변동이 발생하거나 심지어 소멸할 수 있는 위험이 있었다면 현재 발생하고 있는 급격한 부동산 버블현상은 발생하지 않았을 것이다. 예컨대 기업의 주식 가격에는 버블이 존재할 수 있으나 오랜 시간동안 가격의 추이를 볼 때, 버블이 발생한 기간은 결코 길지 않게 된다고 할 수 있다. 또한 현재 아무리 실적이 좋은 기업이라고 하더라도 100년 뒤에도 그 기업이 존속하리라고 장담할 수 없다. 창업자 토머스 에디슨의 GE(General Electric)사는 1896년 다우존스 산업지수

출범 당시 포함된 기업들 중 현재까지 유일하게 남아 있는 상장기업이라고 할 수 있다. 즉 기업의 경우 현재 경영실적이 좋다고 하더라도 다양한 리스크 등에 노출되어 순식간에 그 가치가 급감하거나 또는 소멸할 수도 있게 되는 것이다. 이러한 이유로 기업에 대한 버블은 실적 감소, 기업이미지 악화, 대외 악재 발생 등에 따라 제자리를 찾아갈 가능성이 높다고 할 수 있게 된다.

부동산의 경우에도 전쟁의 발발 등으로 그 가치가 변동하거나 심지어 소유권이 소멸할 위험에 노출되는 경우에는 버블이 사라지게 된다고 할 수 있다. 현재 한국의 대표기업으로 꼽히는 삼성의 창업자 이병철의 부동산 투자는 매우 유명한 일화로 남아있다. 1930년대 후반 이병철 회장은 경남지역의 투자를 통한 사업 확대를 구상하고 있었다. 당시 경남지역의 논은 한평에 25전, 한 두럭(200평)에 50원 이었다. 논 한 두럭을 소작 주면 소작료로 벼 한 섬(당시 물가 기준 15원)이 들어온다. 당시 은행금리는 연 7%로서 50원에 대한 연간금리는 3원 50전 수준으로, 소작료 수입 15원에서 은행이자(3.5원)와 세금 1원, 관리비(0.5원)을 제하더라도 10원의 순수익을 남겨주는 사업이었다. 이에 이병철 회장은 1년 만에 은행대출을 이용하여 김해평야 논밭 200만평의 대지주가 되었다. 그러나 1937년 7월 만주사변이 발생함에 따라 은행들이 일체 대출을 중단하고 대출금 회수에 나서게 됨으로써, 이병철은 모든 토지와 기존의 정미소 및 운수회사를 헐값에 처분하여 은행대출금을 갚아야 하는 상황에 처하게 되어 막대한 손실을 입게 되었다. 요컨대 당시 한반도 정세가 불안정한 상황에 직면해 있었으므로, 토지의 가격 또한 낮은 수준에 있었던 것이다. 그럼에도 불구하고 사람들이 투자를 하지 않았던 이유에도 역시 당시 부동산 투자에 상당한 위험요인이 있었다고 봤기 때문이었다.

이와 동일한 선상에서 평화 시기의 부동산이라 하

더라도 그것이 온전치 못하거나 손상 또는 소멸의 위험이 있는 상황에서는 그 가치의 상승을 기대할 수 없게 된다. 최근 시기 기후변화로 인하여 해수면 상승이 가시화되고, 심지어 기존의 육지가 해수면 아래로 잠길 가능성이 커지고 있으며, 사라질 위험에 직면한 지역의 부동산은 하락 추세에 있게 된다. 섬으로 구성된 하와이 지역의 오하우섬(Oahu)과 빅아일랜드(Big Island)의 부동산의 가치차이도 이러한 관점에서 설명할 수 있다. 오하우섬은 거의 지형변화가 일어나지 않는 곳이므로, 공항과 호텔 등 숙박시설이 들어서기에 적합하고 이러한 조건으로 지속적인 개발에 힘입어 부동산 가격 상승 추세가 이어지고 있다. 한편 화산활동이 지속되고 있는 빅아일랜드의 부동산의 가격은 오하우섬과 비교하였을 때 매우 낮은 수준을 유지하게 된다. 언제든 화산활동에 의하여 지형이 변화할 수 있고, 그로 인하여 개인의 생명까지도 위협을 받는 곳의 부동산은 상승할 수 있는 여력을 잃게 되기 때문이다.

다시 말해서 부동산 버블은 그 자체가 가지는 안전성에 근거하며, 부동산 가치가 일반적 동산과 다르게 시간의 흐름과 함께 상승할 수 있을 것이라는 믿음에 따른 것으로 볼 수 있게 된다.

### 2) 정책적 함의

부동산 버블현상은 그 자체가 가지는 영속성과 안전성에 근거한다고 볼 수 있을 것이다. 대체로 많은 나라들에서 부동산의 심각한 버블에 몸살을 앓고 있는 가운데, 문재인정부 시기 한국의 부동산 정책은 주택을 담보로 하는 대출을 제한하거나, 1인 2가구 이상 주택 소유자가 주택을 양도 및 상속시에 세금을 중과하는 것을 골자로 하고 있다.

이러한 정책의 시행은 부동산의 가격상승으로 하여금 획득 사회의 병리(The Sickness of An Acquisitive Society)가 발생하게 된다는 토우니(R.H. Tawney)의 주장에 기반한 것으로 볼 수 있다. 그에 따르면 현대 사회에서 소유는 창조적인 일을 하는 능동적 · 기능적 소유와 수동적 · 비기능적 소유로 구분되어 진다.[1)]

〈표〉 토우니의 능동적 · 기능적 소유와 수동적 · 비기능적 소유 형태 구분

| 기능적 · 능동적 소유 |
| --- |
| – 개인의 일에 대해 이루어진 보상 형태의 소유<br>– 건강과 안위에 필요한 개인 소유물로서의 소유<br>– 소유주에 의해 사용되는 토지와 도구 등의 소유<br>– 저자와 발명가들에게 귀속되는 저작권 · 특허권 등의 소유 |
| **수동적 · 비기능적 소유** |
| – 많은 농업지대를 포함하는 순수 이자로서의 소유<br>– 행운으로 인해 발생한 '준지대' 성격의 소유<br>– 독점이윤 형태의 소유<br>– 도시의 지대로서의 소유<br>– 특허권 사용료에 대한 소유 |

비록 그의 이론이 '노동'을 기준으로, 능동적 · 기능적 소유와 수동적 · 비기능적 소유를 구분한다는 점에서 인공지능 시대의 도래를 앞둔 현 시점에서 비판의 여지가 존재한다. 그럼에도 불구하고 소유의 수동

1) 토우니는 소유의 형태를 세부적으로 9가지로 보았는데, 기능적 · 능동적 소유의 4가지 형태, 비기능적 · 수동적 소유의 5가지 형태를 제시하였다.

적 · 비기능적 비중이 높아짐에 따라 사회적 병리가 발생한다는 비판의 방향은 현재에도 유효하다고 볼 수 있을 것이다.

그가 수동적 · 비기능적 소유로서 제시한 5가지 중에서 독점이윤과 특허권 사용료를 제외한 3가지가 부동산과 연관된 부분이라는 점을 본다면, 사회적 병리 현상에 있어서 부동산의 문제는 꽤나 심각한 문제로 인식할 수 있다. 부동산 버블 현상은 전체 수동적 · 비기능적 소유의 비중이 급증하는 결과를 초래하기 때문이다.

국가적으로 이러한 현상은 미래 성장동력을 잃게 만든다고 할 수 있으며, 현재 집권하고 있는 정당 및 지도자에게는 정권 재창출의 가능성을 낮게 만들고, 기업의 입장에서는 마땅한 투자대상을 찾지 못하여 현금보유량이 늘어나는 결과를 초래하게 된다. 나아가서 개인은 높은 임대료로 인하여 창업의 위험은 커지는 한편, 일자리 경쟁은 점차 치열해진다고 느끼게 되는 것이다. 한국 사회에서는 "조물주 위에 건물주"라는 자조 섞인 말이 유행할 정도로, 수동적 · 비기능적 소유로 대표되어지는 부동산 소유의 비중이 비대화 되었다고 볼 수 있다.

이러한 문제에 대한 해결책으로는 국가의 존속에 영향을 주는 국민 출산율 감소로, 전체 인구수 감소라는 소유의 상실로 나타나는 현상, 그리고 국가의 미래 성장동력이라는 소유잠재성 상실이라는 현상의 원인이 상당 부분 부동산 버블현상을 통하여 설명되어질 수 있으며, 국가적 차원에서 이러한 현상에 적극적으로 대응해나갈 수 있다는 점이다.

그것은 부동산 버블의 원인으로 지적될 수 있는 영속성과 안전성 중에서 안전성을 훼손하는 것에 있으며, 1가구 2주택 이상의 개인에게는 부동산 자산의 양도 및 상속시 안전자산의 성격을 상실하게 만드는 것이다.

### 3) 제도화

한국 문재인 정부가 추진하는 부동산 자산의 안전성을 훼손하는 정책은 부동산 버블의 원인을 제거하기 위한 정책으로 볼 수 있게 된다. 부동산이 가지고 있는 영속성은 전쟁, 천재지변 등을 통하여 약화되거나 제거될 수도 있으나, 그것은 정책적으로 고려할 수 있는 선택사항은 아닐 것이다.

반면에 부동산의 안전성을 훼손하는 방법은 정책적 고려사항이 될 수 있게 된다. 예컨대 다수의 주택을 소유한 개인(또는 가구)이 양도하거나 상속 시에 많은 세금을 부과하는 정책은 소유한 주택이 가진 자산으로서의 안전성이 훼손되는 것을 의미한다. 안전자산으로서 의미를 상실한 부동산의 투자가치는 하락하게 될 가능성이 높아지게 되는 것이다. 수동적 · 비기능적 자산으로 평가되는 부동산의 담보 대출을 제한하는 정책 또한 부동산 자산의 안전성을 훼손하는 것으로 볼 수 있다.

이러한 정책적 방향의 정당성은 수동적 · 비기능적 특성을 가지는 부동산의 비중이 커지게 됨에 따라, 정부가 현재 소유하고 있거나 또는 획득(상실)할지도 모르는 가능성에 대한 손실에 근거하게 되는 것이다. 부동산 버블로 인하여 국가의 수동적 · 비기능적 소유의 비중이 커지게 되고, 생산을 통한 수익보다 부동산을 통한 수익을 선호하는 인식이 확산됨으로써 산업은 정체되고 성장동력을 잃게 되기 때문이다. 나아가서 과도한 부동산 가격의 상승 영향으로 청년세대의 혼인에 부정적 영향을 주게 됨으로써, 출산율 저하로 나타나게 됨은 물론이다. 즉 부동산 버블로 인하여 국가적인 차원에서는 미래 성장동력과 인구에 관한 손실이 발생하게 되는 것을 의미한다. 그것은 곧 국가의 미래 성장률과 국민에 관한 소유잠재성이 음(-)의 방향을 가리키게 되는 것을 의미한다.

다만 이러한 정책적 접근은 거품의 또 다른 원인으로 지적될 수 있는 부동산을 획득함에 따라 얻게 되는 2차적인 권리의 획득가능성까지 고려하지 못했다는 점에서 일정부분 한계가 있을 수 있다. 예컨대 부동산의 획득은 입지를 의미하게 되고, 특정 부동산을 소유하게 된다는 것은 그에 따른 교육, 상업, 의료, 교통, 행정, 치안 서비스를 기대할 수 있게 되는 것이다. 만약 신도시의 주택을 소유한다면 쾌적한 주거환경을 기대할 수 있고, 지하철역 근처의 주택을 소유하면 편리한 교통서비스를 기대할 수 있다. 주상복합 시설 근처의 주택은 상업서비스를, 학교 · 학원 근처의 주택은 교육서비스를, 병원 근처의 주택은 의료서비스를, 관공서 근처의 주택은 행정서비스를, 경찰서 근처의 주택은 치안서비스를 기대할 수 있을 것이다. 그리고 부동산의 소유와 동시에 당연하게 이용할 수 있는 권리로서 제공 되어지는 다양한 서비스는 부동산의 영속적 특성과 함께 거품을 형성하게 된다.

예컨대 강남 지역에 거주하거나 또는 주소지가 강남 지역으로 되어 있을 경우, 보다 좋은 교육서비스를 기대할 수 있는 강남 소재의 초등 및 중고등학교에 입학할 가능성이 높아지게 된다고 할 수 있는 만큼, 월등한 주택가격을 자랑하게 된다. 일부 사람들은 자녀에게 보다 좋은 교육서비스를 받도록 하기 위하여, 자녀의 위장전입도 마다하지 않을 정도로 강남지역 부동산 거품에 강남 학군이 미치는 영향은 적지 않다고 할 수 있다. 이러한 원인 등으로 서울시 대표 명문고등학교가 밀집되어 있는 서초, 강남 8학군의 주택가격은 서울 지역 내 다른 주택들에 비하여 높은 수준을 유지하게 된다. 강남 지역에 위치한 명문학교의 입학은 대학입학에 있어서 유리한 조건을 제공한다는 인식도 부동산 상승에 한 몫 하는 것이라고 볼 수 있다. 따라서 강남지역의 부동산을 획득함으로써 얻게 되는 권리의 획득을 당연하게 받아들이지 않도록 할 필요가 있어 보인다. 한국에서 국민의 4대 의무 중 하나로서  교육은 누구나 차별 없이 받을 수 있음에도 불구하고, 강남지역 거주 학생들에게 지역 학교에 유리한 입학 기회를 제공함으로써 강남 부동산 주택 가격상승에 주게 되는 영향은 명문대학 주변 주택가격과 비교할 때 명확하게 드러나게 된다. 따라서 강남지역과 같이 명문 학군 주택 부동산 가격이 서울지역 평균의 일정 배수를 초과하게 되는 현상이 지속되어 나타나게 된다면, 해당 주택 거주민의 학령기 또는 청소년기 자녀의 인근 학교 진학을 제한할 필요가 있어 보인다. 앞서 부동산의 지나친 버블로 인해 비기능적 · 수동적 소유의 비율이 높아지는 것에 따라, 중앙정부 또는 지방정부 차원에서의 미래세대 및 미래 성장동력 감소는 공공의 이익에 반하기 때문이다. 주변지역에 비하여 과도하게 높아진 주택가격이 강남학군 이라는 것이 명백한 것이라면, 역으로 지나치게 높은 가격을 형성한 주택에 그 권리를 제한하는 방안을 검토할 수 있을 것으로 보인다.

이러한 접근은 기존 부동산 제도가 주택부동산에 양도 및 상속세 등을 부과하거나 담보대출을 제한함으로써 그 안전성을 훼손하는 방식으로 진행되었다면, 지나치게 높은 가격을 형성한 주택소유자가 부동산 획득에 따른 2차적 권리의 획득을 제한하는 방식을 의미한다. 강남 지역 학군의 일부 부동산 가치가 다른 서울 지역보다 지나치게 높게 형성될 경우, 해당 부동산에 거주하는 학령기 및 청소년기 자녀의 입학제한 조치는 주택부동산 획득에 따른 2차적 권리를 제한하는 것이다. 거품의 원인이 자녀의 명문학교 입학에 초점이 맞춰져 있는 것이라면 정책적 효과를 기대할 수 있을 것으로 보인다.

다만 부동산 입지에 따라 획득할 수 있는 2차적 권리의 형태는 다르게 나타난다고 볼 수 있다. 예컨대 지하철역 또는 기차역 주변 주민들은 편리한 교통서비스를 기대할 수 있게 되며, 이에 따라 이른바 역세권 주택의 가격은 매우 높게 형성된다. 요컨대 역세권 주변 부동산 가격 상승은 부동산 자체가 가지는 영속성과 안전성에 기반하며, 나아가서 입지가 가져다

주는 편리한 교통서비스가 결합된 것일 수 있다. 물론 교통이 편리한 곳에는 상업시설을 비롯한 다양한 시설들이 들어서기 때문에 교통서비스로만 단정하기는 힘들다. 여기서 역세권 부동산과 명문 학군지역 부동산의 2차적 권리 획득은 다소 다르게 나타난다. 명문 학군지역 부동산의 2차적 권리 획득은 자녀의 입학에 초점을 맞추게 된다. 자녀의 명문학교 입학을 통하여 2차적 권리의 획득이 가능한 것으로 볼 수 있는 것이다. 이에 비해 역세권 주변 부동산의 2차적 권리 획득은 상시적으로 이용가능한 교통수단에 있게 된다고 할 수 있다.

이에 따라 역세권 부동산 가격이 다른 지역에 비하여 수배에 달하는 높은 가격대를 형성하고 있게 된다고 하더라도, 교통의 이용을 제한하기는 쉽지 않다는 점에서 명문 학군이 형성된 지역과는 그 해법에 차이를 둘 수밖에 없게 된다. 역세권이란 철도역과 그 주변지역을 의미하게 되는데, 교통의 편리성 등으로 인하여 주변 지역 부동산보다 일반적으로 가격이 높게 형성되는 현상이 나타난다고 할 수 있다. 다만 거품의 원인을 인근 주민의 교통서비스 이용 근접성에만 있는 것이 아니라, 역을 중심으로 유동인구가 증가하는 현상과도 밀접히 연관되어 있게 된다는 점에서 단순히 해결할 수 있는 부분은 아니라는 점이다.

다만 부동산 획득에 따른 교육, 상업, 의료, 교통, 행정, 치안 서비스 등에 대한 2차적 권리의 획득은 부동산이 가진 영속성과 안전성이 결합하게 된다는 점에 대하여 인식할 필요가 있으며, 이와 같은 권리를 당연시 하는 현재의 상황과 거품은 필연적 연관성을 가진다고 볼 수 있을 것이다.

# 4. 국가재정의 적자

## 1) 문제의 원인

국가재정의 적자현상은 국가경영에 필요한 재원을 조달하고 지출의 과정에서, 지출이 거둬들인 수입을 초과할 때 발생하게 된다. 다만 재원 조달의 과정에서 국민의 권리와 의무에 미치는 영향이 적지 않으므로, 민주주의 정치시스템을 가진 국가에서 재정에 관한 중요사항은 국회 또는 의회 의결을 거치도록 하게 되며, 이를 재정민주주의라고 일컫는다.

즉, 권력적인 재정활동과 사유재산의 모순을 조정하기 위해 조세의 부과징수에는 사전에 국민의 대표로서 국회 승인을 요구하여 재정민주주의가 이루어지도록 보장하는 것이다. 국민의 대표를 선출하고 법률에 의하여 국가가 작동하는 의회민주주의와 국가활동의 물질적 기초인 재정 면을 부각한 재정민주주의가 지향하는 방향은 크게 다르지 않을 것이다. 재정민주주의 원리에 기초하여 중앙 및 지방정부는 예산을 작성하고, 의회는 이를 심의 · 의결하는 권리를 가지게 된다고 할 수 있다.

중앙 및 지방정부의 수장은 민주주의적 선거의 절차에 의하여 특정 정당 소속의 인물로 정해지게 되는데, 이들 역시 본인이 소속된 정당의 이념과 가치에 따라서 예산을 편성하고 재원조달 계획을 세우게 된다. 그가 만약 보수정당 출신이라면 성장과 발전에 중점을 둔 예산을 편성하게 될 가능성이 클 것인 반면에, 진보정당 소속이라면 상대적으로 분배와 복지에 중점을 둔 예산을 편성할 가능성이 크다고 할 것이다. 만약 의회를 장악한 정당이 현재 정부의 수장과 같다면 이 예산안은 큰 저항 없이 통과하게 될 가능성이 크고, 다를 경우에는 예산안의 수정이 불가피하게 될 것이다.

현재 집권정당의 정책이 지지를 얻게 된다면, 주민들은 지속적으로 집권정당에 표를 던짐으로써 집권정당의 정책은 지속적으로 추진되어질 수 있는 것이다. 반면에 지지를 받지 못하는 정책이 시행된다면 주민들은 더 이상 표를 던지지 않음으로써 정책이 곧 동력을 잃게 된다고 할 수 있다.

여기서 정책의 효율성은 저비용-고효율을 지향하는 것이 가장 바람직 하지만, 많은 예산을 지출하면 정책의 효과를 기대할 수 있는 가능성이 높아지게 된다. 집권 정당은 추진하는 정책의 효과성을 입증하기 위하여 많은 재정을 투입하고 싶고, 다소 무리한 예산안을 세우게 되는 것이다. 이러한 현상은 국가재정의 건전성 악화로, 만성적 적자현상으로까지 나타나게 된다고 할 수 있다.

### 2) 정책적 함의

집권정당이 정책적 효과성을 입증하기 위하여 다소 무리한 예산편성을 하는 현상이 나타나는 것은, 정책적 성공이 곧 현 정부와 여당의 지지율 상승으로 이어지게 되는 것이기 때문이다.

다만 정부의 예산안이 통과되기 위해서 때로는 야당의 지지를 필요로 하는 경우가 발생하게 되므로, 야당의 요구에 따라 예산이 편성되어질 수 있는 부분도 존재하게 된다. (여당이 보수정당일 경우,) 가령 지나치게 성장위주 정책에 예산이 편성되었다면, 복지 부분에 대한 예산편성을 요구할 수도 있게 되는 것이다. 이 때 야당 의원에 의하여 통과된 법률에 예산이 편성되어 정책적 효과를 거둘 수 있게 되면, 법률제정에 참여한 의원은 물론 소속된 정당의 지지율 향상 또한 기대할 수 있게 된다.

가능한 많은 예산이 편성되면 정책적 효과성을 입증할 가능성이 커지게 되는 반면, 지나친 예산 편성으로 인하여 집권정당과 야당, 의원개인이 손실은 없게 되는 것이다. 이러한 이유로 지나친 예산편성 및 국가재정의 건전성 악화현상은 필연적으로 나타나게 된다고 볼 수 있다.

역사적 기원을 들여다본다면, 의회가 주민을 대표하여 정부 재정을 심의 및 의결하는 기능을 가지게 된다. 다만 의회를 구성하는 정당은 고유한 이념을 표방하고, 정부의 권력을 획득하기 위해 끊임없이 투쟁하는 존재가 됨으로 하여, 행정권력과 입법권력은 결과적으로 획득하여야 하는 대상이 되는 것이다. 민주주의 정치체제 하에서 권력은 주민의 선거를 통하여 결정되어 지므로, 매번 진행 되어지는 선거는 정당에게 일종의 성적표와 같은 것이 된다고 할 수 있다. 만약 행정부의 권력과 의회를 구성하는 권력을 여당이 모두 가져간다면, 의회의 감시기능은 비교적 떨어질 가능성이 존재하게 될 것이다.

하나의 선거를 통하여 정당들은 자신이 획득하고 있는 권력을 지켜낼 수도 있고, 또는 다른 정당이 그 권력을 획득할 수도 있다. 소유잠재성의 관점에서, 대통령 선거는 집권 여당에게 그것을 지켜내어야 하는 것이 되기도 하고, 야당에게는 획득하여야 하는 대상으로서 의미를 가지게 된다. 각 정당은 소속된 후보의 당선을 통하여 정당의 이념을 국가정책에 실현할 수 있는 권한을 가진다. 주기적으로 진행되는 의원 선거에서도 각 정당은 가능한 많은 의원을 당선시키기 위한 노력을 기울이며, 어떠한 선거에서도 승리를 향한 정당의 노력은 지속 되어진다고 할 수 있다.

### 3) 제도화

각 정당들이 선거를 통하여 행정권과 입법권을 획득하기 욕구는 그들 집단으로 하여금 때로는 법적 테두리를 넘어선 일탈로 이어질 수 있다. 선거관리위원회 존재이유 또한 정당 차원, 혹은 후보 차원에서의 불공정 경쟁을 정치적 중립성 하에 규제하기 위한 것이기도 하다.

한편 현행 선거 제도의 기본 룰(Rule)은 주민들의 직접선거, 또는 간접선거를 통하여 많은 숫자의 지지를 받는 후보가 당선되는 것을 의미한다. 현행 선거제도 하에서 재정민주주의는 국민을 대표하는 의회의 승인 하에 실현된다고 할 수 있다. 그러나 의회의 견제기능이 수입을 초과하는 과도한 예산책정에는 작동하지 못하고 있는 것으로 보인다. 많은 국가들에서 국가의 재정적자는 확대되고 있는데, 이것은 의회를 구성하는 정당들의 이해관계와 무관하게 되기 때문이다.

정당의 존재이유는 바로 선거에서 승리하여 행정권력과 입법권력을 획득하는 것에 있다고 할 수 있는데, 지나치게 무리한 재정정책으로 국가의 부채가 급증한다고 하더라도 선거에서 직접적으로 정당에 대한 손실이 작용하지 않게 되는 구조라고 할 수 있는 것이다. 다시 말해서 정당의 존재를 의미하는 의석의 획득 가능성과 국가재정의 적자는 영향을 주지 않는 구조에 있다고 할 수 있다. 결과적으로 정부 · 여당의 정책 효과성을 입증하기 위하여 과도하게 지출되고 이 과정에서 재정적자는 점차 확대되어지게 된다.

이러한 문제를 해결하기 위해서는 현 정부 재정의

책임을 가진 여당 출신 정부 수장의 당선 가능성과 적자의 규모를 적절한 수준에서 연동할 필요가 있어 보인다. 현 정부를 장악한 정당의 당선자 집단은 여당의 사상과 가치를 반영한 예산을 작성하고 실행하게 됨으로써 국정을 운영해 나가게 된다. 이 과정에서 예상치 못한 위기 등으로 정부의 재정적자가 확대되는 경우를 제외한다면, 정부재정의 불건전성이 확대되는 이유는 현 정부의 책임으로 간주할 수 있게 된다고 볼 수 있다. 물론 수입보다 지출이 많은 구조로 인하여 정부의 재정상황이 적자를 유지할 수밖에 없다는 경로의존성에 대한 하소연이 있을 수 있으나, 수입을 늘리고 지출을 알뜰하게 함으로써 정부의 재정상황을 개선하는 것은 여당이 정권 재창출을 위하여 노력해야 하는 과제임에는 분명해 보인다. 적자가 유지되는 기업은 언젠가는 문을 닫아야 하고 만성적인 적자에 허덕이는 집단은 지속성을 유지하기 어렵다는 점에서, 국가의 만성적자는 반드시 해결해야만 하는 우선과제라고 볼 수 있다.

요컨대 집권여당 시기 재정적자 부분에 대한 핸디캡(handicap)을 부과함으로써, 당선확률을 낮추는 것이다. 이런 시각에서 볼 때, 현재 행정부의 권력을 획득하고 있는 여당에게 정부의 만성적 적자상황은 권력을 지키기 위해서 보다 많은 지지와 표를 확보해야 하는 노력이 필요함을 의미한다. 예컨대 재정적자가 지속되는 상황에서 현재 여당의 후보가 대통령으로 당선되기 위해서는 일정 기준(예컨대 0.5%) 이상의 표차로 승리해야 하며, 동률이거나 일정 기준(예컨대 0.5%) 미만의 지지율의 표차로 앞서는 상황이라면 야당 후보가 행정부의 권력을 획득하게 되는 것이다. 의원내각제의 경우 또한 재정적자의 정도에 따라 여당이 행정부 권력을 유지하기 위한 의석수는 전체 의석수의 일정 기준(예컨대 0.5%)을 초과해야 하며, 동률이거나 일정 기준 (예컨대 0.5%) 미만의 의석수 차이가 나는 상황이라면 야당이 행정부 권력을 획득하게 됨을 의미한다. 지방 정부의 경우에도 현재 집권하고 있는 정당 소속의 수장이 재정의 적자상황에 따라, 재선을 위해 추가로 획득하여야 할 지지율과 표는 또한 위와 동일하게 적용 되어질 수 있음은 물론이다. 집권여당이 정권 재창출에 대한 적자에 따른 핸디캡(handicap) 기준에 대한 수준은 각 중앙 및 지방정부의 상황과 연동하여 정당의 합의로 결정할 수 있고, 정당들은 행정권력의 유지, 또는 획득을 위하여 과도한 재정적자를 방지하기 위한 노력을 기울이게 될 것이다.

| 제8장 |

# 결론

소유잠재성(Property Potential)은 인간 또는 인간이 모인 집단이 끊임없이 무엇인가를 획득하기 위한 투쟁을 벌이는 현상에서 비롯된다. 그것은 토마스 홉스(Thomas Hobbes)의 '만인의 만인에 대한 투쟁'에 따라 자기보존의 실현에 있어서 타자보다 우월하기 위한 힘을 보다 많이 획득하기 위한 경쟁상태에 들어가는 것을 의미하는 것으로써, 여기서 힘의 획득은 무엇인가를 획득함으로써 얻어지는 것을 의미한다.

이러한 경쟁상태는 미래의 특정 · 불특정 시점에서의 유 · 무형 소유의 획득(상실) 가능성으로 발현되어지는 것을 의미하며, 본서에서는 국가, 기업, 정당, 개인에게 발현되는 현상으로 정리하였다. 다만 인간 개인은 물론 기타 다른 집단들에게 있어서 소유잠재성이 발현되어지는 현상은 당연하게 나타날 수 있을 것이다.

본서에서는 소유의 범주를 명확히 하지 않았으며, 그것은 인간, 또는 인간의 집합체가 획득하고자 하는 힘(power)이 되는 것은 어떤 것이든 소유할 수 있는 것으로 간주하였다. 따라서 여기에서 소유잠재성으로 제시한 예가 소유할 수 있는 범주의 전부가 아니며, 소유잠재성에 의하여 소유할 수 있는 범주는 매우 광범위하게 설정할 수 있게 된다.

국가적으로는 국가의 보존을 위하여 획득할 수 있는 것들에 대한 소유잠재성을 가진다고 보았다. 국민, 주권, 영토, 기업, 세금, 지적재산권에 이르기까지 국가는 자기보존을 위하여 많은 것들을 소유하게 된다. 그리고 자기보존을 위한 투쟁을 끊임없이 진행하게 된다. 만약 국민에 대한 획득(상실)이 국가의 자기보존을 위협한다면 그에 대한 적극적 행동을 취하게 된다. 그것은 마치 한 국가가 다른 국가의 주권을 획득하기 위한 행동이 상대 국가로 하여금 자기보존을 어렵게 하게 되므로, 주권을 상실하지 않기 위하여 노력하는 것과 같다. 따라서 국가는 자기보존을 위하여 미래 세대 국민에 대한 획득가능성은 자기보존을 위해 매우 중요한 것으로 된다고 할 수 있을 것이다. 한편으로 개인의 시각에서 볼 때, 부모세대는 자녀세대의 결혼과 출산을 보다 바라는 경향이 있다고 할 수 있다. 부모세대는 가문의 보존을 위하여 손자녀의 출산을 바라는 반면, 자녀세대는 결혼과 출산이 현실에 닥친 다양한 문제들로 인하여 출산을 꺼리거나 늦추는 경향이 나타나고 있다.

국가적으로 볼 때 미래 국민에 관한 소유잠재성은 출산율에 따라 좌우되는 것이므로, 출산가능 연령대 자녀세대가 출산에 대한 무엇인가의 소유잠재성은 출산율 증대로 나타날 수 있다. 그것은 국가와 부모세대의 합의를 통하여 자녀의 출산행위에 대한 상속재산의 소유잠재성을 연계함으로써, 국가와 가문의 보존이라는 목표를 이룩할 수 있게 된다. 이것은 출산으로 자녀세대가 겪게 되는 현실의 어려움을 국가와 부모세대의 합의를 통하여 상속재산으로 보상받게 하는 것을 의미한다. 출산에 비례하여 상속재산의 비율,

세금혜택을 통한 소유잠재성을 부여함으로써, 저출산 문제를 극복할 수 있게 되는 것이다.

한편으로 현대 국가가 자기보존에 있어서 중요하게 다뤄지는 것 중 하나로 혁신적 아이디어로 무장된 기업의 창업을 들 수 있다. 혁신기업의 창업은 경제성장에 이바지하고, 일자리를 제공하며, 개개인의 삶을 윤택하게 하는 동시에 중산층의 증가로 이어짐으로써 국가의 안전성을 높여주게 된다. 이러한 이유에서 한국을 비롯한 많은 국가들에서는 기업가 정신을 발굴하고 창업스쿨을 운영하는 등 개인들의 혁신 아이디어를 활용한 창업을 지원하고 있다. 다만 창업육성 정책의 한계점은 개인이 혁신 아이디어에 근거한 창업성공에 따른 천문학적 수준의 부를 획득하는 것만큼 실패에 따른 위험 또한 지나치게 크다는 점에 있다. 또 다른 부분은 개인에게 창업을 위한 과정은 경력으로 인정되지 않는 것이므로, 개인이 혁신 아이디어를 가지고 있다고 하더라도 창업을 꺼리게 된다는 것이다. 창업의 과정이 길고 험난할 뿐 아니라 대기업 등 시장에 이미 진출한 경쟁자들의 방해로 인하여 성공을 확신할 수도 없는 상황에서 개인에게 창업은 쉬운 결정이 아닐 수 있다.

이에 대한 해답은 혁신성에 기반한 개인의 창업을 통하여 국가가 획득가능한 것과 개인의 창업으로 인하여 개인이 획득(상실) 가능한 것에 대한 접점, 즉 국가와 개인 사이에서 소유잠재성의 접점을 찾는 것임을 의미한다. 그것은 혁신성을 앞세운 개인의 창업과정이 공공기관의 경력으로 인정받게 되고 채용으로도 이어질 수 있는 시스템을 구축함으로써 실현가능한 것이 된다. 물론 공공기관 채용과 경력의 기준은 혁신성에 기반한 창업의 과정을 입증하는 것이어야 한다. 기업가 정신과 혁신 아이디어를 가진 이들의 공공기관 취업은 또한 기존의 조직 자체 분위기 또한 보다 능동적 · 창조적인 것으로 바꾸게 될 것이다.

마지막으로 국가 또는 정부의 권력은 개인, 또는 정

당에게 획득가능한 것임과 동시에 자기보존을 위한 투쟁을 지속하게 만든다. 정치체제 또는 특정 법률이나 제도에 따라 약간씩의 차이점은 존재하지만, 국가권력을 지키거나 획득하고자 하는 개인, 정당의 투쟁은 끊임없이 이어지게 된다는 공통점을 가진다. 바로 여기에 민주주의 정치시스템을 구축한 국가들의 재정적자 문제를 해결할 수 있는 해답이 있게 된다고 할 수 있다.

민주주의 정치체제 하에서 정당은 자기보존을 위하여 국가권력을 획득하기 위한 노력을 기울인다. 많은 의석을 획득한 정당일수록 국가에 미치는 영향력이 크고, 적은 의석을 획득한 정당인 경우 국가에 미치는 영향은 미미하게 된다. 만약 선거에서 일정수준 이상의 지지를 얻지 못한다면 정당은 소멸하고 말 것이다. 이러한 논리에 따라 국가재정에 대한 가장 큰 책임을 가진 정당은 정부의 수장을 배출한 정당이 된다고 할 수 있다. 중앙정부의 대통령이나 총리는 본인이 속한 정당의 이념에 따라 정부의 정책을 결정하고 실행해 나가기 때문이다. 나아가서 정부를 구성하는 인사들 또한 정부 수장과 같은 당 소속으로 채워지는 비율 또한 높아지게 된다.

한편 선거 과정에서 정당 후보는 다양한 공약을 제시하고, 당선된 후에는 공약을 실천해야 할 의무를 가진다고 할 수 있다. 그리고 공약을 실현하는 과정에 많은 재원이 투입된다면 공약의 효과성을 입증할 가능성이 높아지게 된다. 집권 여당이 제시한 공약에 대한 효과성이 입증된다면, 그만큼 정부여당의 지지율에도 긍정적 영향을 미치게 된다고 할 수 있다. 따라서 정부는 가급적 많은 예산을 편성하고 집행함으로써 그 효과성을 입증하는 노력을 기울이게 될 것이다. 반면 국가의 재정적자 확대는 집권여당이 정권을 수성하는데 있어서 장애요인으로 작용하지 않게 된다. 이러한 시각에서 볼 때 현재 집권여당이 정부의 재정을 흑자 운영하는 것보다 공약에 재원을 집중적으로 투자함으로써 정부 재정의 적자 운영을 하는 것이 정권재창출에 유리한 상황을 조성하게 된다고 볼 수 있는 것이다.

요컨대 현재 정부의 재정적자는 시스템의 문제로써, 이 문제를 해결하기 위해서는 정부여당의 집권기간 발생한 합의된 재정적자에 비례한 핸디캡(handicap)을 선거에 적용하는 것이 하나의 대안이 될 수 있다. (일부의 경우를 제외하고) 정부여당에서 재정적자가 발생한다는 것은 정부가 출범하면서 제시한 공약에 보다 많은 재원을 투자한 것으로 볼 수 있고, 그에 대한 책임은 정부여당에 있게 되기 때문이다. 이 경우 정부여당은 현재 획득하고 있는 행정부 권력을 유지하기 위하여 보다 많은 숫자의 표가 필요한 반면, 야당 후보가 정부의 수장으로서 권력을 획득하기 위해 필요한 지지율은 보다 적게 됨을 의미한다.

# 참고문헌


김남두, 『재산권 사상의 흐름』, (천지, 1993).

김진우, "신유형 상품권의 소비자계약적 법률관계", 『재산권연구』, 제34권 제3호, pp.1-7.

김철수, 『헌법학』, (박영사, 2009).

나정원, 『소유권 개념을 통해 본 사회주의 국가의 사유화 연구 – 북한 기업의 사유화 합의를 중심으로-』, (고려대학교, 2018).

박우진, "한국 신용카드 산업의 구조적 특성과 원가 분석을 통한 적격 가맹점 수수료에 관한 연구", 『지역발전연구』, 25(2). pp.193-215.

박준우, 『지적재산권법』, (박영사, 2005).

서기선, 『MP3플레이어 전쟁』, (한울, 2008).

이병태, 『법률용어사전』, (법문북스, 2016).

이상원, 『이병철 3만원으로 삼성을 시작하다』, (거송미디어, 2004).

이택면, 『슘페터(Schumpeter)』, (평민사, 2001).

이홍초, "맬더스(Malthus)와 그의 인구론: 역사적 재조명", 『한국인구학』, 8권 2호 (1985).

송영식,『지적소유권법』, (육법사, 2008) .

월간조선,『한국 자본주의의 개척자들』, (2003) .

정승화, “채권종류의 다양화에 대한 법적 고찰”,『상사법연구』, 제31권 제2호, pp.388-349.

정영화, “헌법개정과 재정헌법의 개정방안.”『법학연구』, 제31집, (전북대학교 법학연구소, 2010).

한국개발연구원,『신용카드 가맹점 수수료 체계개편』, 2012.

Schumpeter Joseph Alois 저, 정도영 역,『10대 경제학자』, (한길사, 1982).

Thomas Hobbes 저, 진병운 역,『리바이어던』, (서울대학교 철학사상연구소, 2006).

Thomas McCraw 저, 김형근 · 전석헌 역,『혁신의 예언자』, (글항아리, 2012).

Yoshikawa Hiroshi저, 신현호 역,『케인스 vs 슘페터』, (새로운 제안, 2009).

Cohen, Morris Raphael. “Property and sovereignty.” Cornell LQ 13 (1927).

________________. Law and the social order: essays in legal philosophy. (Transaction Publishers, 1982).

Garber, Peter M. Famous first bubbles. Journal of Economic perspectives 4.2 (1990): 35-54.

Green, Thomas Hill, and Paul Harris. Lectures on the principles of political obligation and other writings. (Cambridge

University Press, 1986)

Hegel, Georg Wilhelm Friedrich. Philosophy of right, trans. TM Knox., Oxford: Oxford University Press 303 (1967).

________________. Hegel: Elements of the philosophy of right. (Cambridge University Press, 1991).

Macpherson, Crawford Brough, and Frank Cunningham. The political theory of possessive individualism: Hobbes to Locke. (Oxford: Clarendon Press, 1962).

Palbrave, R.H. Dictionary of Political Economy, (London: Macmillan, 1926).

Tawney, Richard Henry. The Sickness of an Acquisitive Society. (London: Fabian Society. 1920).

________________. The acquisitive society. Vol. 598. (Courier Corporation, 1961).

Schmitt, Carl, The Leviathan in The State Theory of Thomas Hobbes, (Greenwood Press, 1996).

**소유잠재성** -소유의 알고리즘과 획득가능성 고찰-

2019년 5월 3일 초판 인쇄
2019년 5월 10일 초판 발행

지은이 나정원
펴낸이 이중목
펴낸곳 엠인터내셔널
주 소 서울시 용산구 원효로 83길 21(원효로 1가 70)
등 록 제 2004-000045 호
전 화 02) 702-6177
팩 스 02) 6442-6177
e-mail 5656young@hanmail.net

ISBN 978-89-87321-82-0

정 가 **12,000원**